Collection Rolf Heyne

Zu Gast bei Picasso

3. Auflage

Titel der französischen Originalausgabe:
À la table de Picasso

Die Originalausgabe erschien im Verlag Éditions Albin Michel, S. A., Paris

Umschlaggestaltung: Christian Diener
Graphische Konzeption und Buchgestaltung: Rampazzo & Associés
Satz: Kort Satz GmbH, München
Druck und Bindung: Mame Imprimeurs
Printed in France

ISBN-3-453-11493-0

Zu Gast bei Picasso

Das Genie als Gourmet

Mit 50 Rezepten

Text
Ermine Herscher
in Zusammenarbeit mit
Agnès Carbonell
&

Ikonographie
Janine Herscher

Rezepte
Redaktion
Josseline Rigot
Photographien
Denis Amon & Marianne Lemince

Aus dem Französischen von
Ingrid Hacker-Klier

WILHELM HEYNE VERLAG
MÜNCHEN

Picasso 1955, auf einer Photographie von Lartigue.

Inhalt

Picasso
1905

Spanien

Sommer 1898, Ports del Maestrat, in den Bergen des südlichen Katalonien oberhalb des Dorfes Horta de Ebro. Im Schutz einer Felsengrotte haben zwei junge Burschen an der Quelle eines

schäumenden Wildwassers ihr Lager aufgeschlagen. Der eine, Manuel Pallarès, ist der Sohn wohlhabender Bauern aus dem zwei Tagesmärsche entfernten Dorf Horta. Der andere, ein blasser und magerer Städter, ist sein Freund, den er vor vier Jahren an der Kunstakademie von Barcelona kennengelernt hat. Er heißt Pablo Ruiz Picasso. Sie fühlen sich durch dieselbe Leidenschaft miteinander verbunden: die Liebe zur Malerei. Die Wände ihres behelfsmäßigen Unterschlupfes haben sie farbig ausgemalt und in seinem Inneren ein Bett aus duftenden Gräsern aufgeschüttet; ihre kostbaren Malutensilien hängen an den Zweigen eines Baumes. Pablo will sogar eine große Leinwand auf dem Rücken eines Maultiers heranschaffen lassen, auf der er eine große Komposition mit dem Titel *Idylle* zu schaffen gedenkt. Denn in jenem Sommer, eingehüllt in das Rauschen des Wildbachs und den Duft von Heu und Lagerfeuer, haben die beiden Freunde das Gefühl, im Paradies zu leben. Hier kochen sie sich den Reis und die Kichererbsen, die sie von Horta mitgebracht haben, und um diese frugale Alltagskost zu verfeinern, steigen sie manchmal zu dem nächstgelegenen Bauernhof Mas del Quiquet hinab, wo man ihnen Brot und etwas Wild zusteckt.

Als Salvador, der jüngere Bruder Manuels, mit dem Maultier kommt, um die von Pablo bestellte Leinwand und den Rahmen abzuliefern, lassen sich die drei einen Hasen schmecken. Vielleicht erinnert das Pablo, der dem Tier das noch warme Fell abzieht und es über der heißen Glut brät, an die von Don José, seinem Vater, gemalten düsteren Stilleben. Tatsächlich gehört Wild – wie Blumen und Tauben – zu den Lieblingsmotiven von Professor Ruiz, der an der Kunstakademie von Barcelona Zeichnen lehrt. Doch an diesem Tag hat der Hase, den Pablo verspeist, nichts mit Don Josés »Bildern für Eßzimmer, auf denen Rebhühner und Tauben, Hasen und Kaninchen, Haar- und Federwild zu sehen waren«,[1] zu tun. In der wilden Einsamkeit von Ports del Maestrat haben Fleisch und Fell eine andere Bedeutung und einen anderen Geschmack bekommen, was Picasso viel später einmal in die Worte faßte: »Alles, was ich weiß, habe ich in dem Dorf von Pallarès gelernt«.[2]

Spanien

El Mas del Quiquet, Puertos de Horta, Sommer 1898, Öl auf Leinwand *(oben)*.

Frau mit Brotlaiben, Gósol, 1906, Öl auf Leinwand *(Seite 8)*.

Picasso (mit Hut) im Café mit Angel Fernandez de Soto, dem Gefährten seiner Besuche in den anrüchigen Hotels im Barrio Xino, und Sebastian Junyer, Besitzer der Zeitung ›El Liberal‹, in der die erste Kritik eines Werkes von Picasso erschien. Barcelona, um 1903, Tusche auf Papier *(Seite 9)*.

Spanien

Die Plaza de la Merced in Málaga, wo Picasso am 25. Oktober 1881 um 23.15 Uhr im Haus Nr. 36 geboren wurde. Sein Geburtshaus ist ganz links hinter den Bäumen zu sehen.

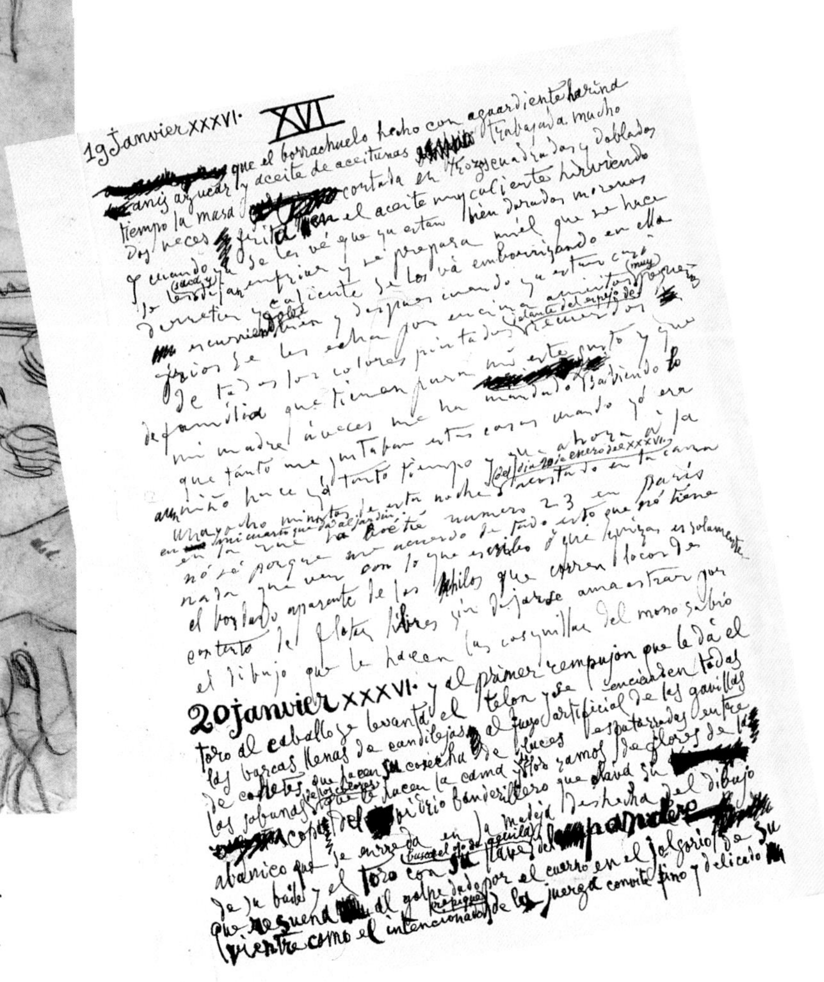

19 Janvier XXXVI. XVI

20 janvier XXXVI.

Lola beim Kuchenschneiden, um 1899, Bleistift auf Papier. Picassos erstes Modell war seine Schwester Lola: »Ich zeichnete sie den ganzen Tag, beim Aufstehen, Schlafengehen, wie sie meiner Mutter in der Küche half ...«

Lola beim Kuchenschneiden, um 1899, Bleistift auf Papier.

Spanien

Küche, **Málaga, 1896, Öl auf Holz** ***(oben)*****.**
Auszug aus Picassos ›Écrits‹, datiert Januar 1936 ***(gegenüberliegende Seite)*****. Picasso gibt hier das Rezept für die mit verschiedenfarbenen Aniskörnern bestreuten Küchlein oder »babas«, mit denen ihn seine Mutter erfreute, als er noch ein Kind war.**

Im Februar 1916, während einer der dunkelsten Perioden seines Lebens, illustrierte Picasso seine Liebeserklärung an seine damalige Nachbarin Gaby mit einem Bild, das die geflieste Küche seiner Kindheit heraufbeschwört: »Lenke Dich ab und schaue Dir das kleine Speisezimmer an. Ich werde sehr glücklich mit Dir sein ...«

Das spanische Bergland

Das ungebundene Leben in freier Natur

Pablo, der krank und abgemagert in Horta de Ebro angelangt war, wurde dort wieder völlig gesund und kräftig. Bis dahin hatte er stets in Städten gelebt, je nachdem, wohin sein Vater berufen wurde. Von Málaga in Andalusien, wo er am 25. Oktober 1881 geboren wurde, über La Coruña am Atlantik ging es nach Barcelona, das er sehr liebte, und dann nach Madrid, wo er sich niemals richtig einleben konnte. In Horta entdeckt er endlich eine Welt, die auf sein Lebensgefühl und seinen Schaffensdrang zugeschnitten scheint. Er ist Gast von Manuels Eltern im Can Tafetans, einem der schönsten Häuser des befestigten Dorfes auf der Kuppe eines Hügels. Um zu diesem Adlerhorst zu gelangen, muß man an die vierzig Kilometer durch das Gebirge marschieren und reißende Wildbäche durchwaten, bis man allmählich in die Stille des Berglandes vordringt, das Katalonien von Aragon trennt.

Um einen Beitrag für seinen Unterhalt zu leisten, arbeitet Pablo auf den Feldern und lernt es, die Tiere zu versorgen. Nach seiner Rückkehr aus dem Gebirge beteiligt er sich an der Olivenernte und hilft in der *moli d'oli* bei der Herstellung des Olivenöls. Er sieht das schillernde Öl unter der Presse hervorsickern und wird so mit dem Vorgang der Transformation einer Materie in eine andere vertraut, und zwar in eine der kostbarsten überhaupt, denn sie ist die Grundlage der gesamten Küche des Landes. In Öl taucht man den mit Knoblauch eingeriebenen Kanten Brot der rustikalen Brotzeit, in heißes Öl wirft man den »lange gekneteten und in viereckige Stücke geschnittenen, zweimal gefalteten« Teig der Küchlein, deren Rezept Picasso 1936 mit Genuß heraufbeschwören wird. Diese Beignets, die er »babas« nennt, sind aus »Branntwein, Mehl, Anis, Zucker und Olivenöl« gemacht, sie werden »in siedend heißem Öl schwimmend herausgebacken und herausgenommen, wenn sie goldbraun sind; man läßt sie abkühlen, beträufelt sie dann mit geschmolzenem Honig, läßt sie abtropfen, und wenn sie fast kalt sind, drückt man kleine in allen Farben leuchtende Aniskörner darauf«. Ein Dessert für Festtage. Denn die stets religiös geprägten Feiertage bieten nicht nur Gelegenheit zu Prozessionen und Zeremonien: sie sind auch Anlaß für Schlemmereien und Zechgelage. Pablo, der seinen Aufenthalt in Horta bis Februar 1899 verlängert, nimmt teil an den Feiern zu Allerheiligen und Epiphanias. Dabei vergißt er seine gewohnte Mäßigkeit und betrinkt sich mit dem ganzen Dorf.

Doch diese Exzesse sind selten: der Alltag beschränkt sich auf »mit Eiern und Kartoffeln gefüllte Pfannen«, von denen in einem Gedicht aus dem Jahre 1959 die Rede ist, einer surrealistischen Schilderung des bescheidenen Lebens in einem spanischen Dorf. Zu diesen Eiern und Kartoffeln gehören freilich noch das Dörrgemüse, ein ganzes Sortiment an Wurstwaren, *butifarras* und *sobresadas* (Preßsack und Bratwurst) und vor allem der Reis. »Körniger Reis, cremiger Reis, fetter Reis, magerer Reis, Milchreis, Reissuppe.« Eine launige Aufzählung, mit der die vielfältigen Metamorphosen dieses bescheidenen Nahrungsmittels dekliniert werden. Neben anderen Dingen lernt Pablo in Horta auch das Reiskochen: indem er ihm löffelweise Geflügelbrühe zusetzt, bleibt der Reis körnig und erhält gleichzeitig einen kräftigen Geschmack. Eine Prise Safran, und siehe da, er verwandelt sich in ein knusprig-braunes, goldschimmerndes Gericht, dessen Glanz mit dem Kupfergeschirr an der Küchenwand wetteifert.

Gerade diese Safranfarbe prägt die Landschaften, die der junge Mann malt. Beim Anblick der Gelb- und Rosatöne, in denen das Gemälde *Mas del Quiquet* schwelgt, könnte man meinen, Pablo habe einige duftende Narbenstengel dieses Gewürzes auf seiner Palette zerdrückt. In dem erwähnten Gedicht von 1959 defilieren die Einwohner von Horta vorbei, darunter junge Mädchen und der Pfarrer, »erstaunt über die Kühle / gemalt in Safran und

*H**äuser in Horta*, **1898–1899, Bleistiftstudie auf Blatt eines Skizzenblocks** *(oben)*.
Katalanische Landschaft *(folgende Seiten)*.

Grün / beladen mit Fadennudeln und schwarzen Trauben aus Baumwolle (...)«. Die Anspielungen auf die Lebensmittel dienen als Verbindung zwischen der beobachteten Realität und der besonderen Sichtweise des Künstlers, mit der er die Wirklichkeit wiedergibt. Der Stil ist immer nur eine Art, die Wirklichkeit umzusetzen – so auch der Kubismus. Und bei der Entwicklung dieses ästhetischen »Rezepts« spielt das spanische Bergland eine wichtige Rolle.

Wiedersehen mit Katalonien

Pablo, der fortan mit dem Mädchennamen seiner Mutter, Picasso, signiert, quartiert sich im Sommer 1906 in der einzigen Herberge des kleinen Pyrenäendorfes Gósol ein. Hier feiert er mit seiner Gefährtin Fernande Olivier sein wiedergefundenes »ungebundenes Leben in freier Natur«, abseits der großen Städte, in denen er seit seiner Abreise von Horta gelebt hat. Kaum ist er angekommen, wird er zur Verblüffung von Fernande, die ihren Augen nicht traut, ein anderer Mensch: »Ich habe ihn in Spanien gesehen, so anders als er sonst war, oder vielmehr: so anders als der Pariser Picasso: fröhlich, weniger ungebärdig, strahlender, lebhaft und sich sicher und ruhig für die Dinge interessierend; es war ihm einfach wohl.«

Zur Ruhe und zur Luft »von unglaublicher Reinheit« kommt die wohltuende Wirkung einer urwüchsigen und einfachen Ernährung hinzu, fern der pittoresken Klischees und der »typisch spanischen Spezialitäten« für die Touristen, wie Fernande in einem Brief vom Juni 1906 an Guillaume Apollinaire schreibt: Da sind »weder Tomaten noch Paprikaschoten noch Oliven, nichts von alledem, was man als typisch spanisch bezeichnet«. Es gibt tatsächlich nur das echt gebirglerische und katalanische Essen: »Ich könnte Ihnen zum Beispiel erklären«, fügt Fernande hinzu, »wie man Schafskäse herstellt, oder auch Wurst aus Schweinekamm, oder *counill* (Kaninchen) mit Knoblauch à l'aïoli, aber das würde zu lange dauern.«

Picasso, der begeistert das in Horta entdeckte Jagdvergnügen wieder aufgenommen hat, bringt von seinen Ausflügen Rebhühner, Wachteln und Hasen mit. Sie verbessern das traditionelle Eintopfgericht, den auf der

Grundlage von Bohnen und Würsten bereiteten *cocido* und den *puchero*, der manchmal mit großen in der Suppe gesottenen Fleischklößen, den *pilotas*, aufgetragen wird. Wenn auch diese gehaltvollen Gerichte die Pariserin Fernande ein wenig erschrecken, so scheinen sie dem Maler dagegen eine überströmende Energie zu verleihen. Zwischen den Bergtouren mit dem Herbergswirt, Josep Fontdevila, einem ehemaligen Schmuggler mit zänkischem Charakter, der sich nur gegenüber Picasso umgänglich zeigt, arbeitet Pablo unaufhörlich. Er füllt das Skizzenbuch, das er ständig bei sich trägt und das zum sogenannten »katalanischen Skizzenbuch«[3] wird, mit Zeichnungen, er schnitzt kleine Skulpturen aus dem Holz, das er allerorten aufliest, und er malt, malt ohne Unterlaß.

Seine Palette findet wieder zu den Gewürztönen von Horta und den roten Erdfarben zurück, die in großen Flecken die strenge Landschaft aufhellen. Picasso beginnt sich nun ernsthaft dem Stilleben zuzuwenden, einem Genre, das er bislang vernachlässigt hat. Eines der Objekte, das er während seines Aufenthalts in Gósol mit Vorliebe darstellt, ist der *porrón*, der Krug mit der spitzen Tülle, aus dem man »direkt vom Strahl« trinken kann, indem man den Kopf nach hinten biegt und das Gefäß mit ausgestrecktem Arm weit von sich hält. In späteren Jahren wird es sich der Maler nicht nehmen lassen, dieses Kunststück einem begeisterten Publikum wieder vorzuführen.

Aus Anlaß seines Geburtstages um 1955 trinkt Picasso nach alter spanischer Sitte »direkt vom Strahl«.

Auf Bildgründen, die in Ocker, Safrangelb und gemischten Paprikatönen gehalten sind, entmaterialisieren sich Flaschen und *porrón*, werden durchscheinend und stehen häufig im Gegensatz zu der opaken Dichte der Töpferwaren, die der Maler in jener Epoche zu einem seiner Lieblingsmotive macht. Es gelingt ihm daneben auch, die stille Gegenwärtigkeit der bescheidensten Dinge spürbar werden zu lassen oder sie aus ihrem alltäglichen Umfeld zu lösen und unter ihren vertrauten Formen eine unwirkliche Transparenz sichtbar zu machen. Das ist der Picasso jenes Sommers in Gósol: in der ländlichen Wirklichkeit fest verwurzelt, erpicht auf alle »irdische Nahrung«, die sich ihm bietet, und dennoch dermaßen »über den Wolken schwebend«, daß er sogar einer Frau mit Brotlaiben, die er malt, die feierliche Vornehmheit einer antiken Göttin verleiht.

Das Haus La Cal Tampanada, in dem das Paar logiert, gehört zu denjenigen Häusern im Dorf, die einen großen Backofen besitzen. Die Frauen bringen den in ein Tuch eingeschlagenen Teig dorthin und kehren nach dem Backen mit großen Brotlaiben, die sie auf dem Kopf balancieren, nach Hause zurück. Wenn Picasso diese duftenden Lasten malt, die den Gesetzen der Schwerkraft zu spotten scheinen, formt er aus ein und demselben Stoff das Gesicht des Menschen und sein wichtigstes Nahrungsmittel, das Brot, das in der Mitte von der gleichen schwungvollen Linie geteilt wird wie die Lippen einer Frau. Ein diffuser Goldton, von den Ockertönen der Erde ringsum und der blonden Kruste des frischgebackenen Brots inspiriert, verbindet Bildgrund, Nahrungsmittel und Gesicht. Der Backofen von La Cal Tampanada dient allerdings nicht nur zum Brotbacken. An den Feiertagen versammelt sich das Dorf in Joseps Gasthof. Nach der Prozession beeilt man sich, in den Ofen von Cal Tampanada eine *cuixa de xaï farcida* (gefüllte Zickleinkeule) zu schieben, und war die Jagd in der Sierra del Cadí erfolgreich, folgen mit Speckstreifen umwickelte Ringeltauben in einem Kranz von Backpflaumen und Pinienkernen oder auch ein

Spanien

Stilleben mit Porrón, Gósol, 1906, Gouache und Aquarell auf Papier. Porrón und Krug stehen symbolhaft für die beiden Länder, in denen das Werk des Malers verwurzelt ist.

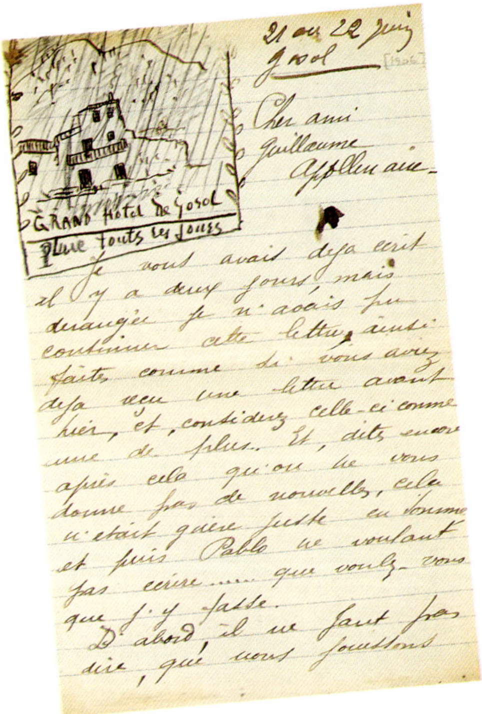
21 ou 22 juin
Gosol [1906]

Cher ami
Guillaume
Apollinaire

Je vous avais déja écrit il y a deux jours, mais dérangée je n'avais pu continuer cette lettre, ainsi faites comme si vous aviez déja reçu une lettre avant hier, et, considérez celle-ci comme une de plus. Et, dites encore après cela qu'on ne vous donne pas de nouvelles, cela n'était guère juste en somme et puis Pablo ne voulant pas écrire..... que voulez-vous que j'y fasse.
D'abord, il ne faut pas dire, que vous joustons

Brief von Fernande Olivier und Pablo Picasso aus Gósol an Apollinaire vom 21. oder 22. Juni 1906.

Gemsrücken. Das Fleisch wurde vier oder fünf Tage in der *escabetx* (Escabèche) mariniert, einer Mischung aus sehr fruchtigem Olivenöl, Gewürzen, aromatischen Kräutern und altem Vino rancio. Einige Flaschen dieses Weins gehen von Tisch zu Tisch und lassen die Stimmen der Kartenspieler anschwellen, während der Pfeifenrauch sich mit dem Duft des gebratenen Wilds mischt. Und mag der Sturm noch so sehr über die Berge brausen, mögen die Regenböen noch so sehr die Gassen leerfegen – im Saal des Gasthofes herrscht die richtige Stimmung, um die religiöse Feier in ein heidnisches Festmahl zu verwandeln.

Alle während des Aufenthalts in Gósol gemalten Bilder bewahren in ihren goldenen, rosa und fahlgelben Tönen einen Widerschein dieses ländlichen Glücks, den köstlichen Duft der Lammkeule und des warmen Brotes, die Pablo nach dem langen Herumklettern in den Bergen so herrlich mundeten. Doch wird Picasso das Dorf bald verlassen: ein Fall von Typhus ist aufgetreten und treibt den jungen Künstler, der eine panische Angst vor Krankheiten hat, in die Flucht.

Die Geburt des Kubismus

Erst drei Jahre später, im Jahr 1909, kehrt der Maler in die katalanischen Berge zurück. Diesmal wählt er sich Horta de Ebro zum Aufenthaltsort. Tut er das, weil er sich, wie vor zehn Jahren, an einem entscheidenden Wendepunkt seines Lebens weiß? Auf die tiefgreifende und befreiende Erfahrung der Begegnung mit der Natur im Sommer 1898 waren intensive Studien in Barcelona und Paris gefolgt. Nach dem Vorspiel in Gósol finden sie in Horta de Ebro ihren Abschluß.

»In jenem Sommer reisten sie wieder nach Spanien, und sie kamen von dort mit spanischen Landschaften zurück: man kann sagen, daß diese Landschaften (...) der Beginn des Kubismus waren.« So schilderte eine der glühendsten Bewunderinnen Picassos, Gertrude Stein, die reiche Amerikanerin, die er in Paris kennengelernt hatte, die in Horta geschaffenen Werke. Und sie setzt hinzu: »In diesen Gemälden hob er zum ersten Mal die Bauweise der spanischen Dörfer deutlich hervor, bei denen die Linien der Häuser nicht den Linien der Landschaft folgen, sondern sie zu zerschneiden und sich dabei in der Landschaft zu verlieren scheinen.« Und anläßlich ihres ersten Aufenthalts jenseits der Pyrenäen versichert sie, es habe sie sehr beeindruckt »zu sehen, wie sehr doch der Kubismus ein natürliches Produkt Spaniens war«.

Ungeachtet des gewaltigen Abstands zwischen diesen übereinander gestapelten Kuben mit ihren ineinander übergreifenden Facetten und den Häuserbildern, die Picasso 1898 gemalt hat und in denen Balkone, Dachbalken und Schornsteine noch detailliert ausgearbeitet sind, bewahrt jedenfalls die Palette die Spuren der Vergangenheit »jenes blasse und silbrige Gelb mit einem Hauch Grün, diese so berühmte Farbgebung, die man bei den meisten kubistischen Gemälden Picassos wiederfindet«, wie Gertrude Stein sagt. Das Grün des Blattwerks der Olivenbäume, eine Erinnerung an den ersten Aufenthalt in Horta, und das gedämpfte Gold des Safrans, das sich wie Goldstaub auf die grauen Bildflächen legt, verbindet die Erfindung der modernen Malerei mit der Küche von La Can Tafetans.

Spanien

Picasso vor seinem 1912 geschaffenen Gemälde *L'Aficionado*.

Spanien

*»Der Kubismus war eine Kur,
eine Medikation, die die kranke Malerei
von der Unordnung kuriert hat.«*

Max Jacob

***Stilleben mit Broten*, Paris, Winter 1908–1909, Öl auf Leinwand.**

Spanien

4 CATS
Q4

Barcelona und das Meer

Vorder- und Rückseite der Speisekarte des ›Quatre Gats‹, links das Portrait von Père Romeu, 1899–1900 *(oben).*
Umschlagentwurf der Speisekarte für das Restaurant ›Els Quatre Gats‹, 1899, Feder und braune Tusche *(gegenüberliegende Seite).*

Els Quatre Gats

Es gibt auch eine andere, eine urbane Version über die Geburt des Kubismus. Sie rückt das ländliche Leben in den katalanischen Bergen in den Hintergrund und legt den Akzent auf das pulsierende Leben der Städte. So wird vor allem Barcelona und Paris bei der Herausbildung und dem Sichtbarwerden von Picassos genialer Begabung eine ganz entscheidende Rolle zugeschrieben. Demnach soll der Kubismus im Herzen der Städte geboren worden sein, genauer gesagt an jenen Orten, die deren ganze zwiespältige Faszination in sich vereinen: in den Cafés, Bars, Brasserien und andere Kneipen – Orte des Lasters, an denen der Anisschnaps und der Absinth die Gemüter und Unterhaltungen erhitzen, grelle Zufluchtsorte, die dem Redseligen ein nachsichtiges Publikum bieten, dem Einsamen die Illusion eines Heims, dem Künstler ein unerschöpfliches Feld der Beobachtung. »Zahlreiche kubistische Gemälde hatten die Transparenz der Gläser und die Lichtbrechung der Karaffen zum Ausgangspunkt, durch die das Licht auf den Zinktheken der Cafés in tausend Facetten zerlegt wurde«, schreibt Jean-Louis Ferrier.[4]

Die erste dieser legendären Stätten, die Picassos künstlerischen Weg säumen sollten, wird am 12. Juni 1897 in Barcelona eröffnet. Es ist die Taverne ›Els Quatre Gats‹ (Die vier Katzen), die im Erdgeschoß eines erst vor kurzem im neugotischen Stil gebauten Hauses als Treffpunkt, Debattierclub und künstlerisches Zentrum fungieren wird. Zwei Jahre später, als der Künstler von seinem langen Aufenthalt in Horta zurückkehrt, ist das Lokal zu einem attraktiven Treffpunkt der katalanischen Hauptstadt geworden, zur Hochburg der »modernistischen« Jugend, unter der sich Picasso rasch einen hervorragenden Platz sichert. Das Dekor des Lokals und seine Klientel passen ausgezeichnet zusammen: die neugotische Architektur des Gebäudes zeigt denselben Eklektizismus wie das Publikum, das sich aus dekadenten Dandys, bärtigen Anarchisten und Bourgeois zusammensetzt, die mit den neuen Ideen in Berührung kommen möchten. Sie alle teilen die glühende Begeisterung für die Bewegung der katalanischen Renaixença (Renaissance), alle kämpfen sie mehr oder weniger aktiv für ein fortschrittliches Katalonien, wenden sich entschieden von Spanien ab und blicken auf die großen europäischen Metropolen wie London oder Paris.

Der Wirt von Els Quatre Gats, Pere Romeu, ein ehemaliger Gymnastiklehrer und Meister des chinesischen Schattenspiels, das er häufig im Hinterzimmer seiner Taverne aufführt, setzt übrigens auf die Vielfalt, um Kunden anzuziehen. Das von ihm selbst entworfene Eröffnungsplakat zeugt davon: Els Quatre Gats ist demnach »eine Herberge für Menschen ohne Illusionen, (...) ein Museum für alle, die nach Erleuchtung der Seele suchen, (...) eine Taverne für Liebhaber (...) des aus einer Handvoll Trauben gepreßten Extrakts; eine gotische Bierhalle für Liebhaber des Nordens und eine andalusische Lichthalle für Liebhaber des Südens (...), ein Ort der Genesung von den Übeln unserer Zeit, ein Ort der Freundschaft und Harmonie.«[5]

Tatsächlich eignet sich nichts besser dazu, völlige Einmütigkeit herzustellen, als ein perlender Krug des zimtduftenden Glühweins *sengrí* oder ein gutes Glas Anis del Mono, dessen Etikett viele Jahre später in gewissen kubistischen Werken Picassos auftauchen wird – eine Erinnerung an die vielen Stunden, die er als unbestrittener Anführer in seiner *tertulia*, dem Kreis seiner treuen Freunde, damit verbracht hat, die Welt umzuformen und zu erneuern. Schon macht er virtuos seinen Einfluß geltend und versteht es mit leichter Hand, Freunde, Bewunderer, Anhänger an sich zu fesseln, die darum wetteifern, sein Vertrauen zu genießen und ihn in die zwielichtigen Bars und Bordelle des Barri Xino, des chinesischen Viertels im Hafen von Barcelona zu begleiten.

Seine unterschiedlichen Freunde spiegeln recht gut das unterschiedliche Publikum des Quatre Gats wider. Zu Pallarès, dem Bauernsohn aus Horta, haben sich nun müßiggängerische Sprößlinge aus gutbürgerlichem Hause gesellt, etwa Carlos Casagemas, ein Dandy, der sich in hohe steife Kragen zwängt, sich schmeichelt, Chopin ähnlich zu sehen, und Morphium nimmt. Und da ist Jaime Sabartès, der so stolz auf seine echt katalanische Abstammung ist, daß er anfänglich Picasso, den Andalusier, verachtet, ehe er dessen Charme erliegt und fünfunddreißig Jahre später zum vielgeplagten Sekretär des Malers wird. Am häufigsten nimmt Picasso Angel de Soto zu seinen Streifzügen in den Barri Xino mit, »einen amüsanten

»Essen und Getränke zu jeder Tages- und Nachtzeit«, verkündet diese Zeichnung der Terrasse des Quatre Gats. Im Vordergrund Picasso im Kreise seiner ›*tertulia*‹. Ganz rechts mit auf dem Rücken verschränkten Händen Sabartès *(rechts)*.
***Portrait Jaime Sabartès*, Barcelona 1900, Kohle und Wasserfarben auf Papier *(gegenüberliegende Seite)*.**

Spanien

Taugenichts«,[6] wie er ihn gern nennt, dessen melancholische Eleganz ihn jedoch so beeindruckt, daß er ihn manchmal zu imitieren sucht, indem er, eine Hand in der Hosentasche, mit gekünstelter Lässigkeit gestikuliert.

Zu diesen Malern ohne wirkliches Talent gesellen sich aber auch bereits anerkannte Künstler: so etwa Ramón Casas, der sich auf einem riesigen Wandbild in der *sala gran* des Lokals zusammen mit Pere Romeu auf einem Tandem dargestellt hat. Oder auch Joaquín Mir, ein Landschafter, der so ganz im Widerspruch zur spanischen Tradition leuchtende Farben eingeführt hatte. Er ist eines der bevorzugten Modelle des Karikaturisten Picasso.

In einer Ecke des Quatre Gats sitzend, skizziert Pablo blitzschnell die Stammgäste: Casagemas mit seinem hohen Stehkragen, Mir mit seinen Knopfaugen, Pere Romeu mit seinem unvermeidlichen breitkrempigen Hut. Romeu, der das Talent seines Gastes zu schätzen weiß, bittet ihn, den Prospekt und die Speisekarten für die Taverne zu illustrieren. Picasso paßt sich dem Eklektizismus der Umgebung an, der so charakteristisch ist für den Modernismus, die katalanische Version des Art Nouveau, und schöpft seine Inspiration aus verschiedenen Quellen. So bevölkert er die Terrasse des Quatre Gats mit Damen und Herren in Gehröcken und Krinolinen, wie man sie um 1830 trug. Vor der in einen »gotischen« Bogen gefaßten Glastüre, die wie das gesamte Gebäude von einem der begabtesten Architekten des Modernismus, Puig i Cadafalch, entworfen wurde, springt dieser Anachronismus noch krasser ins Auge. Vom englischen Art Nouveau hingegen, von Beardsley und insbesondere Kate Greenaway, entlehnt Picasso den dicken schwarzen Strich, mit dem er die Formen umreißt. Diese farbige Stilisierung hat so gut wie nichts mit der lärmenden und verqualmten Realität des Lokals gemein, und ebensowenig mit der handfesten regionalen Küche, die hier geboten wird. Es fällt schwer, sich vorzustellen, wie sich der junge Mann – mit der Nelke im Knopfloch und der lässig auf die Hüfte gestützten Hand – über ein kräftig mit Knoblauch gewürztes Kuttelgericht nach katalanischer Art hermacht oder über eine der zahlreichen *baccalà*-(Stockfisch-)Spezialitäten.

Portrait Carlos Casagemas, Barcelona, 1899–1900, Öl auf Leinwand.

Dieser einfache Fisch hat es vermocht, die Katalanen zu den begeistertndsten Schöpfungen anzuregen. In Barcelona tischt man gern Stockfisch gefüllt mit einer sehr pikanten Mischung aus Schinken und Paprikaschoten auf; in der Gegend um das Dörfchen Bagès dagegen schneidet man ihn in Würfel, streut Rosinen darüber und begießt ihn mit *picada*, einer Weißweinsauce, in der sich in kühner Mischung Mandeln und Zimtstangen, Knoblauch und Pfeffer miteinander verbinden; die Mönche von Montserrat bereiten den Stockfisch in Form einer saftigen *brandade* (Stockfischpüree) zu; und ansonsten wird er natürlich überall auch »nach katalanischer Art« serviert, zusammen mit der berühmten *samfaïna*, einem Püree aus Tomaten, Zwiebeln, Auberginen und Paprikaschoten, von dem jede Hausfrau ›ihr‹ persönliches Rezept besitzt und dessen Zubereitungsart leidenschaftliche Kontroversen auslöst. Glaubt man Josep Pla,[7] einem alteingesessenen gastronomischen Chronisten, so »verbessert die samfaïna alle Speisen und verleiht ihnen grundlegenden Optimismus«. Allerdings sind die Gäste von Els Quatre Gats bereit, auf kulinarischem Gebiet ein

Picasso im Jahre 1900 mit dem Bruder von Angel de Soto, Mateu, Kunstkritiker von ›El Liberal‹, und Carlos Casagemas, auf der Terrasse des Hauses Rua Merce Nr. 3 in Barcelona.

wenig von ihrem unerschütterlichen katalanischen Patriotismus abzuweichen. So dulden sie es, daß auf der Speisekarte – ungeachtet seines baskischen Ursprungs – Stockfisch nach Biskayer Art erscheint, oder auch Schinkensuppe aus der Estremadura und natürlich der *gazpacho*, eine Suppe, die sie kurzzeitig sogar mit Andalusien versöhnt.

Die Sonntage bei Casagemas

Am Sonntag findet sich die ganze Clique bei Carlos Casagemas in der Calle Carrer Nou an der Rambla ein. Seine Eltern haben ihm einen Teil ihrer weiträumigen Wohnung überlassen, wo er sich ein Atelier eingerichtet hat, in dem er die aufsässige Bohème der *decadentes* und der *anarquistas* empfängt. Der Hausherr deklamiert einige selbstverfaßte dunkle Gedichte oder schwingt Reden zur Verteidigung von Drogen und Alkohol, die seiner Meinung nach allein fähig sind, die schöpferischen Kräfte des Individuums zu steigern, was Picasso hef-tig bestreitet. Der »brennende« Kaffee, den man hier anbietet, ist das rituelle Getränk bei Casagemas. Cognac, Zucker, Gewürznelken und Zimt werden in einem Kupferkessel auf dem Herd erhitzt, bevor das Ganze unter dem lauten Beifall der Gesellschaft flambiert wird. Dieser Mischung braucht man dann nur noch den sehr starken, in einer großen Kanne warmgehaltenen Kaffee hinzuzufügen und das Ganze zu genießen, während die Diskussionen abflauen ... und um so lauter losbrechen, sobald die Tassen leer sind. Einige der von dem Getränk erregten Gemüter lassen sich sogar dazu hinreißen, verbotene katalanische Lieder anzustimmen.

Spanien

In diesem überspannten Ambiente lernt Picasso Isidro Nonell kennen, der zu den wenigen modernistischen Malern gehört, die er aufrichtig bewundert. Im Gegensatz zu Casagemas oder Sabartès stammt Nonell aus sehr bescheidenen Verhältnissen. Sein Vater verkauft Teigwaren in einem ärmlichen Viertel von Barcelona. Nonell wendet sich rasch von den dekadenten Posen der Anhänger der »l'art pour l'art«-Bewegung ab. Statt dessen besucht er die Zigeuner und andere aus der Gesellschaft Ausgestoßene, wie etwa die »Kretins von Bohí«, geistig behinderte Menschen mit Kröpfen, die in einem abgelegenen Tal Kataloniens in einer Irrenanstalt leben. Seine in einer Zeitschrift veröffentlichten Zeichnungen von den Kranken machen Furore. Picasso kann gegenüber einer so kraftvollen Kunst, die einen totalen Bruch mit dem ästhetischen Kanon der Zeit bedeutet, nicht gleichgültig bleiben.

Als er berühmt geworden ist, lebt Nonell teils in Barcelona, teils in Paris, wo er ein Atelier gemietet hat, das er bereitwillig seinen Freunden zur Verfügung stellt. Picasso wird dort während seines ersten Paris-Aufenthalts wohnen. Zunächst schlägt er sich irgendwie durch: er verkauft die eine oder andere Karikatur an die Gäste des Quatre Gats oder auch eine von jenen *dibujos fritos*, »fritierten Zeichnungen«, die zu Nonells Spezialität gehören und deren Rezept er Picasso verrät: Man erhitze in einer Pfanne reichlich Öl, werfe die Zeichnung hinein und lasse sie unter ständigem Rütteln der Pfanne rösten; die Zeichnung soll eine schöne dunkelbraune Färbung annehmen; sobald sich ihre Ränder zu kräuseln beginnen, muß man sie vom Feuer nehmen. Auf diese Weise erhält man eine perfekt nachgedunkelte Zeichnung in altmeisterlicher Art. Gewürzt mit einer kleinen Rede über die Seltenheit eines solchen Fundes serviere man sie Liebhabern von Antiquitäten.

Sehr viel später, in den Jahren 1936 bis 1938, wird Picasso sich an die künstlerischen Frikassées der Sonntagnachmittage bei Casagemas erinnern und in seinen ›Écrits‹ »das von den Bildern triefende Öl« und eine ganze Reihe von Visionen heraufbeschwören, bei denen Küche und Malerei ein Bündnis eingehen. Das Bild erscheint dort »in der silbernen Suppenschale schwimmend«, die Farbe »sammelt sich auf dem Teller mit dem Kartoffel-Omelette«, die Gemüse werden nach der Natur gemalt »mit ihrem Duft, ihrem Wesen und ihrer Art, sich zu kleiden«. Die »in Senftöpfe abgefüllten Farben« lassen das Atelier wie eine Küche erscheinen, in der sich der Maler mit einer Palette bewaffnet, die einer Stielpfanne gleicht, seine Rezepte zubereitet, die Zutaten vermischt, eine Idee auf kleiner Flamme köcheln läßt, um schließlich seinen hingerissenen Freunden ein Meisterwerk zu servieren.

Der alte Fälschertrick, in den Nonell Picasso eingeweiht hat, spielt sicherlich eine wichtige Rolle bei der Entwicklung seines imaginären Universums, wo Nahrungsaufnahme und schöpferischer Akt miteinander verschmelzen. Der Künstler »verschlingt« die Welt mit den Augen, nimmt sie mit allen Sinnen auf, »verdaut« sie und gibt sie schließlich in farbige Materie verwandelt auf seinen Leinwänden wieder. Die *dibujos fritos*, deren gebräunte Farbtönungen an die düstere Manier von Goyas *Caprichos* erinnern, nehmen in Picassos Unterbewußtsein einen so bedeutenden Platz ein, daß sie zu einem entscheidenden Zeitpunkt wieder auftauchen: im Jahre 1937, als der Bürgerkrieg Spanien auseinanderreißt. Leben und Werk des Malers werden durch den Krieg tiefgreifend verändert. 1937, das ist das entsetzliche Jahr von *Guernica* und eines von Picasso verfaßten Gedichts, *Traum und Lüge Francos*, in dem man lesen kann: »Die in der Pfanne gebratenen

Fahnen krümmen sich in der schwarzen Sauce der vergossenen Tinte.« Das Leiden und die Trauer äußern sich hier in Gestalt zweier Anspielungen auf ein nunmehr verlorenes Spanien – auf das Spanien der Jugendzeit, der Sonntage bei Casagemas, und das Spanien der *marisquerías* (Meeresfrüchte) am Strand, wo man irgendwo zwischen Sitges und Cadaquès Kraken und Tintenfische in ihrer eigenen Tinte gesotten schmauste.

Das Mittelmeer

Das Katalonien Picassos besteht freilich nicht nur aus seiner Hauptstadt und seinen Bergdörfern. Da ist auch das Meer, am Ende der Ramblas von Barcelona, einen Katzensprung vom Barrio Xino und seinen Matrosenkneipen entfernt, wo man sich in allen Sprachen wegen einer gezinkten Spielkarte, wegen eines Mädchens oder auch ohne jeden Grund streitet. Der Wein dort kratzt in der Kehle, der Alkohol ist gepanscht, doch die gebratenen, mit einem Spritzer Zitrone beträufelten Fische schmecken ausgezeichnet. Picasso liebt diese Spelunken mindestens ebenso wie Pere Romeus in Mode gekommene Taverne. Fritiergeruch durchzieht die Gäßchen, die erfüllt sind von Fingerschnalzen, Gitarrenmusik und Gelächter, das gelegentlich auch vom dumpfen Echo einer Prügelei und dem Klirren zerbrochenen Glases unterbrochen wird.

Das Mittelmeer, das bis in die letzten Winkel der Stadt zu spüren ist, erstreckt sich aber auch unter strahlender Sonne entlang eines Küstenstrichs, den Picasso mit einem anderen seiner Freunde, Ramón Pichot, erforscht. Dieser ist zehn Jahre älter als der junge Pablo und stammt aus einer reichen Familie, deren Wohnung in der Calle Montcada Treffpunkt vieler Künstler ist. Alle Mitglieder der Pichot-Sippe versuchen sich in den Künsten. Maria, eine von Ramóns Schwestern, singt häufig im Quatre

Fernande Olivier, Picasso und der Schriftsteller Ramón Reventos im Jahre 1906 *(oben)*. Es war im Haus Ramóns, dem Treffpunkt der Künstler von Barcelona, wo nach Picassos Worten »alles begann«. Postkarte, die Picasso am 5. Juli 1910 aus Cadaquès an Apollinaire schrieb *(gegenüberliegende Seite)*.

Gats, begleitet von ihrem Ehemann, einem Pianisten. Ihr Schwager, Eduard Marquina, Dramaturg und modernistischer Dichter, ist mit Casagemas gut bekannt und lernt bei ihm Picasso kennen.

Er stellt Picasso Ramón vor, und die beiden werden rasch unzertrennlich. Als reicher dilettierender Künstler malt Pichot ohne innere Überzeugung und ohne sich über sein mittelmäßiges Talent Illusionen zu machen. Seine Leidenschaft ist das Meer. Er besitzt ein Segelboot namens ›Nebukadnezar‹ und schippert den Sommer über an der katalanischen Küste entlang. Im Jahre 1899, als Picasso gerade nach Barcelona zurückkehrt, läßt sich Pichot ein schönes »primitives« Haus in Punt del Sortell am Meer bauen. Es ist L-förmig und von mönchischer Schlichtheit. Dort empfängt er seine Freunde aus dem Quatre Gats, die, fern vom turbulenten Treiben Barcelonas, das »ungebundene Leben in freier Natur« genießen und sich als Robinson fühlen.

»Der Duft der Sardinen, die auf dem Grill am Strand den Feuertanz aufführen«: noch fünfunddreißig Jahre später wird Picasso den Räucherduft dieser Grillfeste am Meer in der Nase haben. Ein Feuer aus trockenem Rebenholz in einer sandigen Bucht, die fangfrischen Fische, ein *raig* (Schuß) Essig, der sie nach katalanischer Art kräftiger würzt als Zitronensaft, und ein mit Weißwein gefüllter *porrón*, um das Ganze zu begießen – das sind die Zutaten für eine gelungene ›Sardinade‹. Auch Meerbarben, über der Glut gegrillt und fröhlich mit den Fingern zerlegt, sind köstlich – und dazwischen trinkt man den Wein direkt am Strahl aus dem *porrón*. Lustvoll erinnert sich der Maler an das zinnoberrote »Kleid« der Barben, das in der Hitze des Feuers knistert. Anderswo, in den kleinen Fischerdörfern, setzt man sich mit an den Tisch und ißt Miesmuscheln am Spieß, eine der Spezialitäten von Cadaqués, wo die Familie Pichot eine Villa besitzt. Oder man genießt ein Pfannengericht aus Tintenfischen, gefüllt mit einem Hachée auf der Basis von feingehacktem rohen Schinken, und dazu eine Sauce aus Tomaten und Weißwein. Der Gipfel der Kochkunst bleibt jedoch die *sarsuela de peix i marisca* (Zarzuela aus Fischen und Muscheln)! Sie wird kochend heiß über dünnen gerösteten Brotscheiben in schweren und tiefen glasierten Tellern aufgetragen und löst im Gaumen ein wahres Feuerwerk aus – Auftakt zu manch einem Glas eisgekühlten Weißweins!

Die Freundschaft zwischen Picasso und Ramón Pichot wird bis zum Tod des Freundes im Jahr 1925 währen. Pichot ist eng verbunden mit wichtigen Augenblicken im Leben des Malers: er läßt sich fast zur gleichen Zeit wie er in Paris nieder, heiratet die Frau, um deretwegen ihr gemeinsamer Freund Casagemas Selbstmord begeht, nimmt an den denkwürdigen Festen im Bateau-Lavoir teil und ist in Katalonien dabei, als sich Picasso um 1910 in Céret und Cadaqués aufhält. Sein plötzlicher Tod trifft den Künstler so sehr, daß er Pichot in das Gemälde einbezieht, das er im Frühling 1925 gerade malt und das unter dem Titel *La Danse* (Der Tanz) in die Kunstgeschichte eingehen wird, obwohl Picasso darauf bestand, es *Der Tod Ramón Pichots* zu nennen.

Die erste Ausstellung

Pichot gehört auch zu denjenigen, die in Barcelona das unbehauste junge Genie unter ihrem Dach aufnehmen. Im Laufe des Jahres 1899 zieht Picasso dreimal um, je nachdem, was sich ihm bietet. Doch die Unordnung, die er mit souveräner Gleichgültigkeit bei seinen wechselnden Gastgebern veranstaltet, ist so schlimm, daß niemand es mit diesem Menschen aushält, der, wo immer er auftaucht, alles als seinen Besitz betrachtet. Man fragt sich, woher er wunderbarerweise die Kraft bezieht, unter diesen Umständen zu arbeiten. Und dennoch zeichnet er ohne Unterlaß.

Als die Clique vom Quatre Gats ihm den Vorschlag macht, im großen Saal der Taverne auszustellen, präsentiert Picasso eine beeindruckende Anzahl von Portraits der Stammgäste des Lokals. Er scheint den eben in Barcelona in Mode gekommenen Portraitmaler Ramón Casas ausstechen zu wollen: soeben hat dieser mit triumphalem Erfolg eine Serie von Portraits der bedeutendsten Persönlichkeiten der katalanischen Hauptstadt ausgestellt.

Spanien

Picasso im Atelier am Boulevard de Clichy, das er sich mit Mañach Fuentes (stehend), seinem ersten Händler, teilte; rechts das Ehepaar Torrès-Fuentes.

Picasso seinerseits begnügt sich damit, die Crème der Klientel des Quatre Gats zu verewigen, »eine Clique von größtenteils schlecht gekleideten Unbekannten«, wie Sabartès nicht ohne Bosheit schreiben wird. Doch der junge Mann entfaltet bei der Darstellung dieser Galerie von mittellosen Bohémiens, angehenden Dichtern und verkrachten Existenzen eine verblüffende Virtuosität.

Er wagt es, die selbstgefälligen Posen der Modelle von Casas zu parodieren, ohne in die Karikatur zu verfallen. Mit seltener Scharfsichtigkeit hält Picasso Manuel Pallarès, Angel de Soto und die übrigen Getreuen aus seiner *tertulia* am Rande der sie erwartenden Desillusionierung fest. Die Verwendung von Kohle, Bleistift und aquarellierten Höhungen verleiht den Portraits etwas Skizzenhaftes, Unfertiges, was vollkommen mit diesen Existenzen in Einklang steht, von denen man ahnt, daß sie immer im Zustand des Lebensentwurfs bleiben werden.

Die Ausstellung – es ist Picassos erste – wird am 1. Februar 1900 eröffnet. Aus Geldmangel werden die Bilder ungerahmt direkt an die Wände des großen Saals im Quatre Gats geheftet. Die Stammgäste kommen, um ihre Konterfeis zu betrachten: Sabartès zufolge sind sie »am eifrigsten«, da sie »immer etwas Zeit finden können, um dort hineinzuschauen, eine Tasse Kaffee zu trinken und mit den Kameraden am Tisch zu plaudern«. Das »seriöse Publikum« bleibt der Veranstaltung fern, abgeschreckt von den schlechten Kritiken.

Dennoch endet das alte Jahrhundert für Picasso unter günstigen Vorzeichen. Er verkauft eine ansehnliche Zahl von Portraits und kann sich endlich ein Atelier leisten, das er sich mit Casagemas teilt. Es befindet sich im Dachboden eines baufälligen Hauses in der Riera Sant Joan, den sie sogleich nach ihrem Geschmack dekorieren. Picasso malt ein luxuriöses Bett und von phantastischen Schätzen überquellende Truhen an die Wände – und er vergißt auch nicht eine liebreizende Kammerzofe mit üppigem Busen. Diese Trompe-l'œil-Dekoration ergänzt er mit üppigen Blumensträußen und reichen Früchtepyramiden. Ein Füllhorn ergießt seine Schätze – Feigen und Weintrauben, Orangen und Zitronen, Melonen und Kirschen – über die Trennwände des Ateliers.

Diese Höhle von Ali Babi in luftiger Höhe wird den beiden Malern bald zu eng. Mit dem Panorama der Dächer von Barcelona vor Augen, träumen sie von anderen Horizonten. Der Plan einer Reise nach Paris beginnt sie ernsthaft zu beschäftigen. Die dafür benötigten Mittel zusammenzukratzen ist keine Kleinigkeit, die widerstrebenden Familien wollen überzeugt werden, man muß sich »Brotarbeit« in Form von Aufträgen für Zeitschriften sichern. Dann heißt es, die glücklichen Besitzer eines Quartiers in Paris zu benachrichtigen und sich den schwarzen Samtanzug mit hochgeschlossener Weste, weiter Jacke und Hosen, die an den Knöcheln enger werden, anfertigen zu lassen. Denn nur so wird man eine gute Figur machen können unter den Pariser Künstlern, deren lässige Eleganz sprichwörtlich ist – zumindest in Barcelona.

Endlich, einige Tage vor seinem neunzehnten Geburtstag im Oktober 1900, besteigt Picasso in Gesellschaft von Casagemas den Zug nach Paris.

Spanien

Picasso und Sebastian Junyer-Vidal auf dem Weg nach Paris, 1904. Eine von fünf kolorierten Tuschzeichnungen, die Picassos vierte Reise nach Paris verewigt. Sie trägt den handschriftlichen Zusatz: »In einem Wagen dritter Klasse zur Grenze«.

Die Rezepte

Vorspeisen

Röstbrotscheiben mit Knoblauch und Tomaten
Gazpacho
Knoblauchsuppe mit Tomaten und Schinken
aus der Estremadura
Muscheln aus Cadaquès am Spieß
Sardinen in Escabèche

Hauptgerichte

Kutteln nach katalanischer Art
Safranreis
Eintopf ›Horta‹
Gebratener Gemsrücken
Knoblauchhase
Aïoli (Knoblauchmayonnaise)
Reis in Geflügelbrühe gegart
Stockfisch nach Biskayer Art
Knoblauchgarnelen
Gemüseplatte aus dem Ofen
Zarzuela (Meeresfrüchte-Eintopf)
Kalmare-Pfanne
Stockfischpüree nach Art der Mönche von Montserrat

Nachspeisen

Sengrí ›Quatre Gats‹
Honigbeignets mit Anis

Pain frotté à l'ail et à la tomate

Röstbrotscheiben mit Knoblauch und Tomaten

FÜR 4 PERSONEN

4 Scheiben Landbrot, etwa 2 cm dick
2 Knoblauchzehen
3 vollreife Tomaten
6 EL Olivenöl virgen extra
6 Raukenblätter
Salz und Pfeffer aus der Mühle

Den Backofen auf 180° vorheizen. Die Tomaten waschen und abtrocknen. Eine ganze Tomate zurückbehalten, die übrigen in gleichmäßige Scheiben schneiden. Die Knoblauchzehen schälen. Die Brotscheiben 6 Minuten lang im Backofen grillen.

Etwas abkühlen lassen, dann auf einer Seite mit dem Knoblauch, danach mit der ganzen Tomate einreiben. Mit der Hälfte des Öls beträufeln und mit den Tomatenscheiben dachziegelartig belegen. Salzen und pfeffern und das restliche Öl darüber träufeln. Die Raukenblätter zerpflücken und sie auf den Brotscheiben verteilen. In zwei bis drei Teile zerschneiden und sofort servieren.

Gazpacho

FÜR 4 PERSONEN

1 Gurke, 5 Tomaten
1 große Zwiebel
1 grüne Paprikaschote
2 Knoblauchzehen
5 EL Olivenöl
5 EL Sherryessig
60 g altbackenes Brot ohne Kruste
2 Prisen Cayenne-Pfeffer
1 l Wasser
Salz und Pfeffer aus der Mühle

Die Zwiebel und die Knoblauchzehen schälen und kleinhacken. Die Zwiebel in eine Schüssel und den Knoblauch in den Mixer geben. Die Tomaten überbrühen und häuten, die Gurke schälen, beides entkernen, würfeln, jeweils 2 EL für die Garnierung zurückbehalten, den Rest in die Schüssel geben. Die Paprikaschote aufschneiden, um die Kerne und die weißen Innenwände herauszulösen. Würfeln, 1 EL zum Garnieren beiseitestellen und das übrige zu der Zwiebel, den Tomaten und der Gurke in die Schüssel geben. Das altbackene Brot in kleine Würfel schneiden und 3 EL davon zum Garnieren beiseitestellen. Der Rest kommt in den Mixer. Öl, Essig und Cayenne-Pfeffer hinzufügen, salzen und Pfeffer aus der Mühle darüberdrehen. Das Ganze im Mixer 5 Minuten pürieren. Den Inhalt der Schüssel hinzugeben und das Wasser zugießen. Weitere 5 Minuten im Mixer pürieren.

Das Püree durch ein feines Sieb streichen und in eine Suppenterrine füllen. Mit Salz und Pfeffer nochmals abschmecken und danach mindestens 3 Stunden im Kühlschrank kaltstellen. Den Gazpacho sehr kalt mit den Brotwürfeln und dem gewürfelten Gemüse servieren.

Soupe à l'ail, aux tomates et au jambon d'Estrémadure

Knoblauchsuppe mit Tomaten und Schinken aus der Estremadura

FÜR 4 PERSONEN

10 Knoblauchzehen
10 cl Olivenöl, 4 Tomaten
1 Schinkenknochen
2 Prisen Paprikapulver
4 Thymianzweige
1 l Wasser
Salz und Pfeffer aus der Mühle
geröstete Brotwürfel

✱ Die Knoblauchzehen schälen und vierteln. In einem Kochtopf mit dickem Boden das Öl langsam erhitzen und die Knoblauchzehen 2 Minuten unter ständigem Rühren dünsten, ohne sie Farbe annehmen zu lassen. Die geviertelten Tomaten hinzufügen und sie zehn Minuten dünsten lassen. Mit Wasser aufgießen; salzen und pfeffern. Paprikapulver, Thymian und den Schinkenknochen zugeben. Zudecken und 2 Stunden auf kleiner Flamme köcheln lassen. Den Knochen herausnehmen. Die Suppe durch ein Sieb gießen und falls nötig nachwürzen. In eine irdene Suppenterrine gießen und mit Würfeln aus geröstetem und mit Knoblauch eingeriebenen Brot servieren.

Brochettes de moules de Cadaquès

Muscheln aus Cadaquès am Spieß

FÜR 4 PERSONEN

1 kg große spanische Muscheln
2 Scheiben geräucherter Bauchspeck, 1 cm dick
8 frische Lorbeerblätter
3 EL Olivenöl, 2 Knoblauchzehen
Salz und Pfeffer aus der Mühle

✱ Den Backofen auf 240° vorheizen. Die Knoblauchzehen schälen, durch die Knoblauchpresse in eine kleine Schale drücken und das Olivenöl zugießen. Salzen, pfeffern und etwas ziehen lassen. Während dieser Zeit die Muscheln unter kaltem Wasser waschen, abbürsten und von Rückständen befreien. Die Muscheln auf dem Backblech verteilen und für 6 Minuten in den Ofen schieben, damit sie sich öffnen. Aus dem Ofen nehmen und erkalten lassen. Danach erst aus ihren Schalen lösen und dabei ihren Saft mit auffangen. In ihrem Saft belassen. Den Bauchspeck in 1 cm breite Streifen schneiden. In einen Topf mit kochendem Wasser geben und bei milder Hitze 30 Minuten lang kochen. Abtropfen und erkalten lassen.

✱ Jedem Spieß ein gefaltetes Lorbeerblatt und abwechselnd 4 Muscheln und 4 Speckstücke aufstecken. Am Schluß ein Lorbeerblatt. Mit der Olivenöl-Marinade bepinseln. Insgesamt zehn Minuten grillen, nach 5 Minuten wenden. Mit Safranreis *(Seite 42)* servieren.

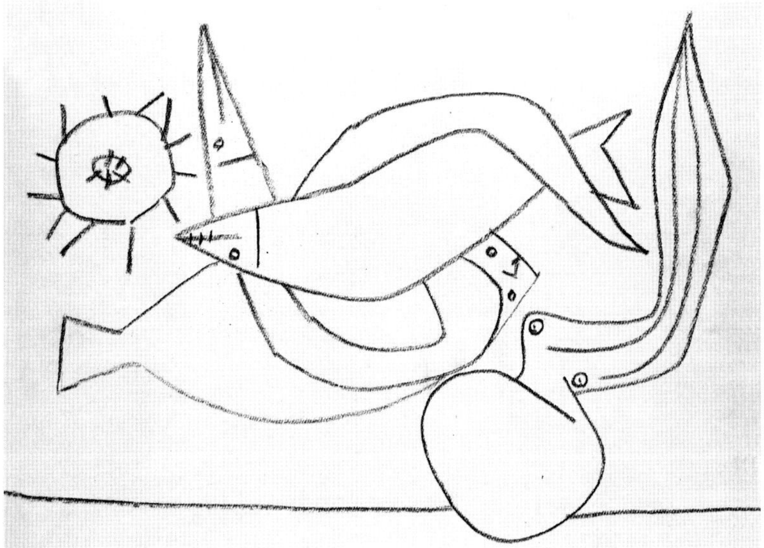

Fische, 1946, Vorder- und Rückseite, Antibes, 1946, Bleistift auf Papier.

Sardines à l'escabèche

Sardinen in Escabèche

FÜR 4 PERSONEN

1 kg geschuppte und ausgenommene Sardinen
2 Knoblauchzehen
2 Zwiebeln, 2 Karotten
1 TL Tomatenmark
20 cl Olivenöl
1 Glas Weißweinessig
1 Glas Rancio (weißer Likörwein)
1/2 rote Pfefferschote
2 Lorbeerblätter
2 Thymianzweige
Salz und Pfeffer aus der Mühle

✱ Die Köpfe der Sardinen entfernen und die Mittelgräte herausziehen. In einer Pfanne 5 EL Öl bei starkem Feuer erhitzen. Die Sardinen hineinlegen und 3 Minuten auf jeder Seite goldbraun werden lassen. Auf Küchenpapier abtropfen und abkühlen lassen. Den Knoblauch, die Zwiebeln und die Karotten schälen. Die Zwiebeln in Scheiben schneiden und die Karotten raspeln. Die Pfefferschote fein hacken. Die Lorbeerblätter in ganz dünne Streifen schneiden. Bei mildem Feuer das restliche Öl in einem Schmortopf erhitzen und darin die Zwiebeln andünsten. Wenn sie glasig sind, Karotten, Essig, Wein, Knoblauch, Pfefferschote, Lorbeerblätter, Thymian und Tomatenmark hinzufügen. Salzen und pfeffern. Unter ständigem Rühren 10 Minuten köcheln lassen. Abschmecken und nachwürzen.
✱ Ein Drittel dieser Escabèche in eine tiefe Servierplatte geben und die Hälfte der Sardinen darauf verteilen. Das zweite Drittel der Escabèche darüber gießen, mit Sardinen belegen und die restliche Escabèche darauf verteilen. Zugedeckt 3 Tage lang im Kühlschrank marinieren lassen.

Tripes à la catalane

Kutteln nach katalanischer Art

FÜR 4 PERSONEN

750 g blanchierte Kutteln
in kleine Stücke geschnitten
2 Tomaten, 3 Zwiebeln
6 Knoblauchzehen
1 grüne Paprikaschote
1 rote Paprikaschote, 2 Auberginen
8 EL Olivenöl
1 Prise getrocknete Thymianblätter
Salz und Pfeffer aus der Mühle

FÜR DEN SUD:
1 Bouquet garni (2 Lorbeerblätter
1 Rosmarinzweig, 1 Stange
Bleichsellerie, 3 Thymianzweige,
der grüne Teil einer Lauchstange)
2 Karotten, 1 Zwiebel, gespickt
mit 2 Gewürznelken
25 cl trockener Weißwein
1 EL grobes Meersalz

Aus allen Zutaten und 2 l Wasser den Sud bereiten. Zum Kochen bringen und dann die blanchierten Kutteln hineingeben. 3 Stunden auf kleiner Flamme köcheln lassen. Die Kutteln herausnehmen, abtropfen lassen und den Sud beiseitestellen.
Die Zwiebeln und die Knoblauchzehen schälen und kleinhacken. Die Tomaten schälen, entkernen und klein würfeln. Die Auberginen und Paprikaschoten waschen, grob würfeln und dabei die Kerne und die weißen Innenwände der Paprikaschoten entfernen.
Das Öl in einem Schmortopf erhitzen. Die gut abgetropften Kutteln hineingeben und von allen Seiten Farbe annehmen lassen, dann auf einem Teller beiseitestellen. Im selben Öl die Zwiebeln und den Knoblauch bei milder Hitze andünsten. Sobald sie glasig sind, Tomaten, Paprikaschoten, Auberginen und Thymian hinzufügen und 10 Minuten schmoren lassen. Die Kutteln hinzufügen, salzen und pfeffern. Zugedeckt 1 Stunde köcheln lassen. Während des Kochens mit dem Sud immer wieder auffüllen. Mit Safranreis servieren.

Riz au safran

Safranreis

FÜR 4 PERSONEN

250 g Reis, das Zweieinhalbfache
seines Volumens an Wasser

2 Prisen echter Safran
grobes Meersalz

Die Safranfäden in einem Glas kochend heißem Wasser 20 Minuten lang einweichen. Den Reis unter kaltem Wasser waschen, bis das Wasser klar ist. In einem großen Topf das Wasser zum Kochen bringen und salzen. Den Safransud hinzufügen und den Reis einstreuen. Zudecken und bei kleinem Feuer etwa 15 Minuten lang köcheln lassen. Die Hitzezufuhr abstellen, sobald der Reis das ganze Wasser absorbiert hat.

Cocido de Horta

Eintopf ›Horta‹

FÜR 4 PERSONEN

500 g Hinterhesse oder Rinderhaxe
1 kleines Suppenhuhn oder
1 kleines Federwild
250 g frischer Speck
1 mild gesalzene Schweinshaxe
1 gepökelter Schweinsfuß
250 g butifarra oder
schwarzer Preßsack, 100 g chorizo
(Paprikawurst; nach Belieben)
250 g Kichererbsen aus Kastilien
1 mit 2 Gewürznelken besteckte
Zwiebel, 2 Lorbeerblätter
2 Karotten, 2 weiße Rübchen
1 Wirsingkohl
6 Kartoffeln
150 g breite Nudeln
Salz und Pfeffer aus der Mühle

FÜR DIE KLÖSSE (PILOTAS):
100 g Schweinefilet
250 g Wurstbrät oder
gewürztes Hackfleisch, 2 Eier
2 Knoblauchzehen
2 EL gehackte Petersilie
2 EL zerbröckeltes altbackenes
Weißbrot
2 Prisen Zimt, 3 EL Mehl
Salz und Pfeffer

✱ Die Kichererbsen über Nacht in einer Schüssel mit kaltem Wasser einweichen und die Schweinshaxe und den Schweinsfuß in kaltem Wasser 12 Stunden lang wässern, um sie zu entsalzen.
Danach die Rinderhaxe, den Speck, das Suppenhuhn, den Schweinsfuß und die Schweinshaxe in einen großen Schmortopf legen und mit reichlich kaltem Wasser bedecken. Zum Kochen bringen und mehrere Male den Schaum abschöpfen. Die Zwiebel, Lorbeerblätter und die Kichererbsen werden, damit man sie später leicht entfernen kann, in ein Musselinsäckchen gefüllt und in die Bouillon gelegt, sobald deren Oberfläche klar ist. Salzen und bei milder Hitze 2 Stunden lang köcheln lassen.
✱ Inzwischen werden die Klöße vorbereitet: das ganz fein gehackte Schweinefilet, das Wurstbrät, das zerbröckelte altbackene Weißbrot, die Eier, den gehackten Knoblauch, die Petersilie und den Zimt in einer Schüssel vermengen. Salzen und pfeffern und zu einer homogenen Teigmasse verkneten. 4 Klöße formen und in Mehl rollen. Auf einem Teller beiseitestellen. Nun das Gemüse vorbereiten: Karotten, weiße Rübchen, Kartoffeln schälen und die äußeren Blätter des Wirsings entfernen. Nachdem die Bouillon 2 Stunden lang geköchelt hat, die *butifarra*, den in Scheiben geschnittenen chorizo, das Gemüse und die *pilotas* hinzufügen. Weitere 40 Minuten kochen lassen.
✱ Gegen Ende der Kochzeit 1 l der Bouillon herausschöpfen, um darin die Nudeln zu kochen; sobald sie gar sind, werden sie zusammen mit ihrer Bouillon in eine Suppenterrine gefüllt. Das aufgeschnittene Fleisch in eine tiefe Platte geben und mit Bouillon übergießen. Das Gemüse wird in einer anderen Schüssel serviert.

Carré d'isard rôti

Gebratener Gemsrücken

FÜR 4 PERSONEN

1 Gems- oder Rehrücken mit 12 Koteletts
200 g sehr fetter frischer Speck, in dünne Streifen geschnitten
3 EL Olivenöl
Salz und Pfeffer aus der Mühle

FÜR DIE MARINADE:
½ Flasche alter Rancio (weißer Likörwein) oder Muskatwein
½ Glas Sherryessig
8 EL sehr fruchtiges Olivenöl
2 Thymianzweige
2 Lorbeerblätter
½ TL Oregano
3 Gewürznelken
12 schwarze Pfefferkörner

FÜR DIE SAUCE:
200 g geräucherter Schweinebauch
4 Schalotten, 400 g Champignons
3 EL Olivenöl, 2 EL Weißwein
20 cl Geflügelbrühe
2 Tomaten (oder 50 g getrocknete Tomaten)
10 g gehackte Kresse oder glatte Petersilie
Salz und Pfeffer aus der Mühle

✱ Alle Zutaten für die Marinade miteinander vermischen. Den Gems- oder Rehrücken je nach Alter des Tieres 3 bis 5 Tage darin marinieren. Täglich umwenden. Kurz vor der Zubereitung aus der Marinade nehmen und gut abtropfen lassen. Die Marinade durch ein Sieb streichen und beiseitestellen. Den Rücken mit den Speckstreifen spicken und mit Olivenöl bestreichen. Den Backofen auf 250° vorheizen, den Braten hineinschieben und von Zeit zu Zeit mit der Marinade begießen. Berechnen Sie eine Bratzeit von 12 Minuten je Pfund Fleisch.

✱ Währenddessen wird die Sauce zubereitet. Die Schalotten schälen und fein hacken. Die Tomaten überbrühen, häuten, entkernen und zerdrücken. Die Champignons putzen und grob hacken. Den geräucherten Schweinebauch in dünne Speckscheiben schneiden. In einem Kochtopf die Schalotten bei milder Hitze in Olivenöl andünsten. Die Speckscheiben, die Champignons und die Tomaten hinzufügen. Mit dem Wein und der Geflügelbrühe aufgießen. Leicht salzen und pfeffern. Zugedeckt bei milder Hitze 20 Minuten lang köcheln lassen. Einige Minuten vor Ende der Kochzeit die gehackte Kresse dazugeben.

✱ Die Sauce in eine Sauciere füllen und mit dem Gemsrücken heiß auftragen. Dazu reicht man einen in Geflügelbrühe gegarten Reis.

Lapin à l'ail

Knoblauchhase

FÜR 4 PERSONEN

1 Hase, in 8 Stücke zerlegt	*(aus der Region Penedès oder aus der Gegend um Alella)*
2 Zwiebeln	*1 Lorbeerblatt*
6 Knoblauchzehen	*1 Rosmarinzweig*
6 EL Olivenöl	*1 Thymianzweig*
1 EL edelsüßer Paprika	*Salz und Pfeffer aus der Mühle*
1 Glas trockener Weißwein	

✱ Den Backofen auf 180° vorheizen. Die Zwiebeln schälen, in dünne Scheiben schneiden und in einem Schmortopf in Olivenöl andünsten. Die einzelnen Hasenstücke darin von allen Seiten anbräunen. Je nach Größe des Schmortopfs sind dazu 2 oder 3 Arbeitsgänge nötig. Mit Salz, Pfeffer und dem Paprikapulver würzen. Den Wein, die Kräuter und die ungeschälten Knoblauchzehen hinzufügen. Zugedeckt 40 Minuten im Ofen schmoren lassen. Den Hasen mit Aïoli (Knoblauchmayonnaise) servieren.

Aïoli

Knoblauchmayonnaise

6 Knoblauchzehen	*Saft von 1/4 Zitrone*
25 cl Olivenöl	*feines Salz*
1 Eigelb	*Pfeffer aus der Mühle*

✱ Die Knoblauchzehen schälen und in einem Mörser zu einer Paste zerstoßen. Salzen und pfeffern. Den Zitronensaft und das Eigelb beigeben und das Öl tropfenweise einrühren (wie für eine Mayonnaise), bis man eine dicke, glatte Creme erhält. Nachwürzen.

Knoblauchhase mit Aïoli *(nachfolgende Doppelseite).*

Riz au bouillon

Reis in Geflügelbrühe gegart

FÜR 4 PERSONEN

250 g Langkornreis	*1 Bouquet garni*
2 Hähnchenflügel	*(2 Thymianzweige, 1 Lorbeerblatt*
1 mit einer Gewürznelke	*3 Stengel Petersilie*
besteckte Zwiebel	*2 Sellerieblätter)*
2 Knoblauchzehen	*5 Pfefferkörner*
1 Karotte	*1 Stückchen Zitronenschale, Salz*

✱ Den Reis unter kaltem Wasser waschen, bis das Wasser klar ist. Abtropfen lassen. Die Hähnchenflügel in einen großen Kochtopf legen, die Zwiebel, den ungeschälten Knoblauch, die geschälte Karotte, das Bouquet garni, die Zitronenschale und den Pfeffer dazugeben. 1 l Wasser aufgießen und salzen. Bei mittlerer Hitze zugedeckt 30 Minuten lang kochen lassen. Die Brühe durch ein Sieb gießen. Auf den Herd zurückstellen und erneut zum Kochen bringen. Den Reis einstreuen. Zugedeckt bei milder Hitze 18 Minuten lang köcheln lassen. Der Reis sollte alle Flüssigkeit aufgesogen haben und körnig bleiben.

Morue à la biscayenne

Stockfisch nach Biskayer Art

FÜR 4 PERSONEN

600 g Stockfischfilet	*4 Tomaten*
6 Knoblauchzehen	*20 cl Olivenöl*
3 violette Zwiebeln	*3 EL schwarze Oliven*
3 rote Pfefferschoten aus Espelette	*Salz und Pfeffer aus der Mühle*

✱ Den Stockfisch in einer großen Schüssel mit kaltem Wasser 24 Stunden lang einweichen, um ihn zu entsalzen; das Wasser dabei drei- bis viermal wechseln. Den Stockfisch abtropfen lassen und ihn in 12 viereckige Stücke schneiden. Den Knoblauch und die Zwiebeln schälen, die letzteren in dünne Scheiben schneiden. Die Tomaten überbrühen, häuten und entkernen. 5 EL Olivenöl in einem Kochtopf mit dickem Boden bei mildem Feuer erhitzen. Die Zwiebeln, den Knoblauch und die Paprikaschoten unter ständigem Rühren darin andünsten. Die Tomaten hinzufügen, salzen und pfeffern. Das Ganze 10 Minuten lang schmoren lassen. Danach diese Sauce durch ein Sieb passieren und beiseitestellen.

✱ Die Stockfischstücke in dem restlichen Öl bei starker Hitze braten. Sobald sie Farbe angenommen haben, werden sie in einen Schmortopf gegeben und mit der Sauce übergossen. Zugedeckt 15 Minuten lang unter vorsichtigem Rühren bei schwacher Hitze dünsten lassen. Nach 10 Minuten die Oliven beigeben.

Gambas sautées à l'ail

Knoblauchgarnelen

FÜR 4 PERSONEN

650 g rohe Garnelen	*2 kleine Pfefferschoten*
10 Knoblauchzehen	*feines Meersalz*
8 EL Olivenöl	*Pfeffer aus der Mühle*

✱ Die Garnelen vorsichtig aus den Schalen lösen, Kopf und Schwanz am Körper belassen. Am Rücken aufschlitzen und den schwarzen Darm entfernen. Die vorbereiteten Garnelen auf Küchenkrepp legen. Die Knoblauchzehen schälen, in zwei Hälften schneiden und den grünen Keimling herausnehmen. Die Pfefferschoten in Scheiben schneiden, nachdem man den Deckel, die Kerne und die Innenwände entfernt hat. Das Öl in einer großen Pfanne erhitzen. Den Knoblauch, die Pfefferschoten und die Garnelen bei starker Hitze 4 Minuten lang unter ständigem Rühren gleichmäßig von allen Seiten garen. Salzen und leicht pfeffern.

Légumes au four

Gemüseplatte aus dem Ofen

FÜR 4 PERSONEN

2 Auberginen	*3 vollreife Tomaten*
3 Zucchini	*6 EL Olivenöl*
1 grüne Paprikaschote	*Saft von einer halben Zitrone*
1 rote Paprikaschote	*2 EL grobes Meersalz*
2 große Zwiebeln	*Salz und Pfeffer aus der Mühle*

✱ Die Paprikaschoten in breite Streifen, die Zwiebeln und Tomaten in dicke Scheiben schneiden. Die Auberginen und die Zucchini der Länge nach in Scheiben von 1 cm Dicke schneiden. Die Auberginen in mehreren Lagen in einen tiefen Teller legen und dabei zwischen jede Schicht das grobe Salz streuen. 45 Minuten lang entwässern lassen, dann das Salz entfernen und die Scheiben trockentupfen. Den Backofen auf 180° vorheizen.

✱ Das ganze Gemüse in einer großen irdenen Auflaufform in bunter Reihe anordnen. Mit dem Olivenöl und dem Zitronensaft beträufeln, 1 Glas Wasser hinzufügen, salzen und pfeffern. 25 Minuten lang im Backofen garen. Zu Fisch oder gegrilltem Fleisch servieren.

Zarzuela

Meeresfrüchte-Eintopf

FÜR 6 PERSONEN

3 kleine Langusten oder 3 Hummer
500 g Seeteufel,
in 6 Portionen geschnitten
400 g küchenfertig ausgenommene
Tintenfische, 500 g Herzmuscheln
1 kg spanische Miesmuscheln
12 Garnelen oder 12 Scampi
12 cl Olivenöl, 3 Zwiebeln
6 Knoblauchzehen
1 kg Tomaten, 1 grüne Paprikaschote
½ frische Peperoni
2 dicke Scheiben Serrano-Schinken
1 kleines Glas Cognac
3 Prisen Safranpulver
5 Stengel Petersilie
Salz und Pfeffer aus der Mühle
18 Scheiben geröstetes Brot
mit Knoblauch eingerieben

FÜR DEN FISCHSUD:
2 Fischköpfe, 1 Glas trockener
Weißwein aus dem Penedèsgebiet
1 Zwiebel, 1 Bouquet garni
(2 Lorbeerblätter, 3 Thymianzweige
3 Stengel Petersilie
das Grün einer Lauchstange
1 Stange Bleichsellerie)
grobes Meersalz

Zuerst wird der Fischsud zubereitet: in einen großen Kochtopf die Fischköpfe, die geschälte Zwiebel, das Bouquet garni und den Wein geben. Mit Wasser bedecken, salzen und zum Kochen bringen. Bei kleiner Flamme 1 Stunde lang zugedeckt köcheln lassen. Währenddessen werden die Zwiebeln und der Knoblauch geschält und fein gehackt. Die Tomaten überbrühen und häuten, entkernen und zerdrücken. Die Paprikaschote und die halbe Peperoni in dünne Scheiben schneiden; vorher Stengelansätze, Kerne und die weißen Innenwände entfernen. Den Schinken in ganz feine Streifen schneiden. Die Muscheln waschen, abbürsten und entbarten. Die Herzmuscheln abspülen. Alle diese Muscheln sorgfältig abtropfen lassen. Die Köpfe und Beine der Langusten entfernen, die Schwänze der Länge nach aufschneiden, um das Fleisch aus dem Panzer zu lösen. (Man kann dann die Beine in den Sud geben und sie darin 20 Minuten lang mitkochen lassen, um den Geschmack zu intensivieren). Die Tintenfische in schmale Streifen schneiden.

In einem großen Schmortopf die Zwiebeln und den Knoblauch in 3 EL Öl andünsten. Sobald sie glasig sind, die gewürfelten Tomaten und die gehackte Petersilie hinzufügen. 10 Minuten schmoren lassen und beiseitestellen.

In einer großen Pfanne die Langustenschwänze in 3 EL Öl anbraten. Mit einem Schaumlöffel aus dem Öl herausheben und in den Schmortopf legen. Nun die Garnelen, die Tintenfische, den Seeteufel, den Schinken und die Paprikaschote ebenfalls nach und nach in den Schmortopf geben und falls nötig Öl hinzufügen. 3 Gläser des vorher durchgeseihten Fischsuds angießen, die Peperoni, den Safran und den Cognac beigeben. Salzen und pfeffern, vorsichtig umrühren. Auf kleiner Flamme zugedeckt zwanzig Minuten simmern lassen. Zuerst die Miesmuscheln und dann die Herzmuscheln in einem Topf aufsetzen und stark erhitzen, bis sie sich öffnen. 5 Minuten vor Ende der Garzeit des Schmortopfs werden sie diesem hinzugefügt. 3 Scheiben geröstetes Brot pro Person in einen tiefen Teller legen und die Zarzuela darübergießen.

Cassolettes de calmars

Kalmare-Pfanne

FÜR 4 PERSONEN

4 mittelgroße oder 8 kleine Kalmare (oder Tintenfische)
6 EL Olivenöl
750 g Tomaten
2 Zwiebeln
5 Knoblauchzehen
6 Stengel Petersilie
2 Prisen gemahlener Safran
1 Bouquet garni (2 Thymianzweige, 1 Lorbeerblatt, 3 Stengel Petersilie, 1 Stange Bleichsellerie)
20 cl trockener Weißwein
1 kleines Glas Cognac

FÜR DIE FARCE:
250 g roher Schinken
1 Zwiebel
5 Stengel Petersilie
4 Knoblauchzehen
100 g gemahlene Mandeln
2 EL altbackene Brotkrumen
2 Prisen Nelkenpfeffer
2 EL Olivenöl
feines Salz, Pfeffer aus der Mühle

✱ Die Tomaten häuten, entkernen und achteln, die Zwiebeln schälen und hacken. Die Knoblauchzehen schälen und durch die Knoblauchpresse drücken. Die Petersilie fein hacken. 3 EL Öl in einem Kochtopf erhitzen und darin die Zwiebeln und den Knoblauch dünsten. Die Tomaten, das Bouquet garni und die Petersilie dazugeben, salzen und pfeffern. Mit etwas Wasser ablöschen. 15 bis 20 Minuten lang auf kleiner Flamme köcheln lassen. Etwas Wasser hinzufügen, falls die Tomaten nicht genügend Saft abgeben.

✱ Während die Sauce köchelt, wird die Farce zubereitet: die Zwiebel und den Knoblauch schälen und fein hacken, die Petersilie fein hacken. Die Brotkrumen mit dem Nudelholz zu feinen Semmelbröseln zerkleinern. Den Schinken klein würfeln. Mit Ausnahme der Zwiebel alle diese Zutaten in eine Schüssel geben, die gemahlenen Mandeln und den Nelkenpfeffer hinzufügen und alles beiseitestellen.

Die Kalmare ausnehmen und sorgfältig säubern, ohne dabei die Körper zu verletzen. Die Fangarme in kleine Stücke schneiden. Mit der Zwiebel in heißem Öl anbraten und sie dann zu den anderen Zutaten in die Schüssel geben. Salzen, pfeffern und vermischen. Die Kalmare nun nicht allzu prall mit dieser Masse füllen. Mit hölzernen Zahnstochern verschließen.

✱ Das restliche Öl in einem Schmortopf erhitzen und die Kalmare von allen Seiten anbraten. Mit dem Cognac flambieren und dann den Wein angießen. Kurz aufwallen lassen, bevor die Tomatensauce und der Safran hinzugefügt werden. Zugedeckt bei schwacher Hitze 45 Minuten lang simmern lassen. In kleinen Pfännchen servieren.

Brandade des moines de Montserrat

Stockfischpüree nach Art der Mönche von Montserrat

FÜR 4 PERSONEN

750 g Stockfischfilet
20 cl Olivenöl
400 g Kartoffeln
6 Knoblauchzehen
1 Zwiebel
25 cl Milch
30 g altbackene Brotkrume
20 g Butter, Salz

✱ Die Stockfischfilets 12 Stunden lang in kaltes Wasser legen, um sie zu entsalzen. Dabei das Wasser mehrere Male erneuern. Danach sorgfältig abspülen, bevor sie in den Kochtopf kommen. Reichlich mit kaltem Wasser bedecken und zum Kochen bringen. Die Hitze reduzieren und weitere 15 Minuten köcheln lassen. Man sollte den Stockfisch leicht zerzupfen können. Abtropfen lassen. Haut und Gräten entfernen, die Filets zerkleinern. Während dieser Zeit die Kartoffeln in einem Topf mit Salzwasser kochen. Sobald sie gar sind, abtropfen lassen, schälen und würfeln. Die Zwiebel und die Knoblauchzehen schälen und hacken.

✱ In einem Schmortopf 2 EL Olivenöl erhitzen und darin die Zwiebel andünsten. Den Knoblauch hinzufügen und ebenfalls andünsten, ohne daß er Farbe annimmt. Die Kartoffeln und den zerkleinerten Stockfisch dazugeben; alles mit einem Holzstampfer zerdrücken. Das restliche Öl und die kochende Milch unter ständigem Rühren einträufeln. Diese Masse in eine gut geölte Auflaufform füllen. Mit der zu Semmelbröseln zerstoßenen Brotkrume bestreuen und mit Butterflocken belegen. Im heißen Ofen (250°) 10 Minuten überbacken. Mit Knoblauch-Croûtons servieren.

Sengrí des Quatre Gats

Sengrí ›Quatre Gats‹

ERGIBT 8 GLÄSER

1 Flasche guter Rotwein
1 Zimtstange
3 Schalen von einer unbehandelten Orange
3 Gewürznelken
4 EL Akazienhonig
2 EL Cognac

Den Wein in einen Kochtopf gießen und die Zimtstange hineingeben. Bei starkem Feuer erhitzen. Sobald der Wein zu kochen beginnt, die Orangenschalen und Gewürznelken hinzufügen und erneut aufkochen. Den Honig, den Cognac und ein kleines Glas kochendes Wasser dazugeben und heiß in dickwandigen Gläsern servieren.

Beignets au miel et aux grains d'anis

Honigbeignets mit Anis

FÜR 12 BIS 15 KÜCHLEIN

100 g Mehl
1 EL Olivenöl
2 Eier
1/2 EL Zitronensaft
1 Prise Salz
1 TL Branntwein
1 Friteuse mit Olivenöl
Kastanienhonig, Anis

Die Eier aufschlagen und das Eiweiß vom Dotter trennen. Die Arbeitsfläche leicht einölen. Das Mehl anhäufeln, in der Mitte eine Vertiefung eindrücken und Eigelb, Öl, Zitronensaft, Salz und Branntwein hineingeben. Alles vorsichtig mit dem Mehl verkneten. Falls der Teig zu fest wird, etwas Wasser hinzufügen. An einem warmen Ort zwei Stunden lang gehen lassen.

Am Ende dieser Zeitspanne das Eiweiß zu festem Schnee schlagen und unter den Teig ziehen. Die Fritüre auf 170° vorheizen. Den Teig 1/2 cm dick auswalzen. In 12 gleichgroße Quadrate schneiden, die ein- oder zweimal gefaltet werden. Die Teigstücke nach und nach in das heiße Öl gleiten lassen und sie von allen Seiten goldbraun fritieren. Mit dem Schaumlöffel aus dem Öl herausheben und auf Küchenkrepp abtropfen lassen.

Diese Küchlein mit reichlich Honig beträufeln, mit Aniskörnern bestreuen und heiß servieren.

Brot und Obstschale auf einem Tisch, 1909, Öl auf Leinwand.

Picasso um 1904 auf dem Montmartre *(gegenüberliegende Seite)*.

Paris

Winter 1902–1903. Das XI. Arrondissement in Paris. Geschah es in einem der Eßschuppen in der Rue de la Roquette oder in dem schrank-

großen Zimmer am Boulevard Voltaire Nr. 137, das sich Picasso mit Max Jacob teilte, dem Dichter, der aus der Provinz nach Paris gekommen war, um dort sein Glück zu versuchen? Die Wurst, aus der an jenem Tag ihre ganze Mahlzeit bestehen sollte, sah fast so appetitlich aus wie die katalanischen *sobresadas,* die in opulenten Kränzen an den Marktständen von Barcelona prangten. Doch kaum durchstach ein ungeduldiger Gabelzinken die Haut der Wurst, als sie auch schon platzte wie ein Ballon: sie, die so schön ausgesehen hatte, enthielt nur noch ranziges Fett und Faulgas.

Die beiden Freunde, einer so hungrig wie der andere, sahen im Bruchteil eines Augenblicks ihre Hoffnung auf ein Abendessen buchstäblich in der Luft zerstieben. Jahre später, wenn er von seinen Anfängen in Paris berichtete, erzählte Picasso die Geschichte dieses Mißgeschicks oft und gern als anekdotischen Höhepunkt. Ort und Umgebung wechselten dabei je nach seiner augenblicklichen Eingebung, aber die Wurst explodierte am Ende immer – ein lächerliches Symbol für die verfälschten Nahrungsmittel, die in Paris die bodenständigen Spezialitäten von Barcelona verdrängt hatten.

Die Bohème

Picasso braucht vier Jahre, um in Paris heimisch zu werden und sich dort endgültig einzurichten. Zwischen Oktober 1900 und April 1904 macht er drei mehr oder weniger ausgedehnte Besuche in der ›Stadt des Lichts‹, wobei sich seine Hoffnungen recht häufig als Fata Morgana herausstellen. Und dennoch kommt er zurück. Zweifellos spürt er, daß er an keinem anderen Ort der Welt eine ähnliche Freiheit finden würde: »Wenn Cézanne in Spanien gearbeitet hätte«, erklärt er eines Tages, »hätte man ihn bei lebendigem Leibe verbrannt«.[1] Und Casagemas, der ihn bei seinem ersten Aufenthalt begleitet, schreibt an einen in Barcelona zurückgebliebenen Freund: »Hier gibt es Platz für alle.« Fern von seiner Familie, fern von den Madrilener Vorurteilen und dem katalanischen Provinzialismus, kann Picasso endlich zeigen, was in ihm steckt.

Das beweist er seit dem Herbst 1900, als er in das Atelier Nonells in der Rue Gabrielle hoch oben am Montmartre einzieht und sich Themen zuwendet, die den Ruhm Renoirs, Degas' und Toulouse-Lautrecs begründet hatten. *Sängerin im Café-Concert, Die blaue Tänzerin, Le Moulin de la Galette*, diese Titel der ersten Pariser Werke Picassos klingen wie eine Herausforderung an seine illustren Vorgänger. In seinen Zeichnungen mit ihrem bis zur Grausamkeit scharfen Strich, in den kühnen, kraftvoll gemalten Nachtstücken voll heftiger Kontraste, zeigt der junge 19jährige Spanier, daß er die Maler, die ihm an den künstlerischen Schauplätzen von »gai Paris« vorangegangen sind, um nichts beneiden muß. Diese legendären Stätten befinden sich damals laut Casagemas voll im Niedergang: »Hier ist alles bloß falscher Schein, viel Glitter und Staffage aus Pappe und Pappmaché. (...) Das Moulin de la Galette hat seine persönliche Note ganz verloren, und der Eintritt in das Moulin Rouge kostet drei Francs und an bestimmten Tagen sogar fünf.« Dagegen bietet der Boulevard de Clichy eine große Auswahl von »verrückten Lokalen«, wie etwa ›Les 4 z'Arts‹, ›Le Néant‹, ›L'Enfer‹ oder das Kabarett des berühmten Aristide Bruant, eines witzig-frechen Chansonniers, dessen roter Schal zum Wahrzeichen der Nächte vom Montmartre geworden ist.

Die »Clique der Katalanen«, zu der nun auch der aus Horta gekommene Pallarès gehört, ebenso Pichot, der sich in dem kleinen rosa Haus auf der Rückseite des Montmartre-Hügels niederläßt, lebt sowohl in den Cafés und Brasserien, wo man für wenige Francs Essen und Unterhaltung bekommt, als auch in den ungemütlichen Ateliers und Hotelzimmern, wo man unmöglich kochen kann. An besonderen Glückstagen finden sie sich um eines der Rinderragouts zusammen, das den *puchero* (Fleischsuppe) und den Hammel-*cocido* (Eintopf) entthront hat. »Nichts geht über ein Hammelragout, aber noch lieber ist mir ein *miroton* (gekochtes Rindfleisch in Zwiebelsauce) oder das *bœuf bourguignon* (Rindfleisch mit Zwiebeln in Rotwein geschmort)«, verkündet Picasso in dem Theaterstück *Wie man Wünsche beim Schwanz packt,* das er 1941

Picasso und Junyer sind in Paris angekommen, 1904, kolorierte Tuschzeichnung (*siehe Seite 35*). Handschriftlicher Zusatz: »Um neun Uhr morgens endlich in Paris.«

schreibt. An den »mageren Tagen« findet sich immer ein Kamerad, der ein paar Sous aus der Tasche zieht, um die rituellen Worte zu sprechen, die der Maler Jahre später überliefert: »Laß uns etwas Brot und Käse kaufen und es einfach auf der Bank da essen.«

An der Place du Tertre oder Place Ravignan wird nicht »der Schafskäse gegessen, der in einer Hülle aus Milchpapier und Traubenkernen eben geboren wurde«, sondern sahniger Brie oder vollreifer Camembert. Diese Käse gehören zu den beglückenden Entdeckungen, die Paris für Picasso bereithält.

Als er nach dem strengen Winter von 1902/03 nach Barcelona zurückgekehrt ist, schreibt er an Max Jacob und lädt ihn ein, den Sommer in Spanien zu verbringen. Dabei kritzelt er auf zwei Zeichnungen von den Dächern, die sein hochgelegenes Atelier überragen: »Mein lieber alter Max, ich denke an das Zimmer am Boulevard Voltaire und an die Omelettes, die grünen Bohnen, den Brie und die

Bratkartoffeln, aber ich denke auch an die Tage des Elends, was mich traurig stimmt, und ich erinnere mich mit Abscheu an die Spanier von der Rue de Seine…«

Die »kulinarischen Spezialitäten« der »Spanier von der Rue de Seine« erscheinen ihm ebenso unecht wie die von Casagemas heraufbeschworenen folkloristischen Darbietungen: »An manchen Abenden gehen wir ins Musikcafé oder ins Theater… Manchmal tanzen sie etwas, was sie für spanisch halten, und gestern kam einer von ihnen auf uns zu und schrie etwas von ›Olé, olé! Caramba, caramba!‹, worauf wir nicht reagierten und damit unsere Herkunft verleugneten…« Der brodelnde Überschwang der Nächte, die überfüllten Lokale, die berauschten Menschenmengen, die mit Biergläsern vollbeladenen Tabletts, das Lachen aus grellgeschminkten Mündern, das alles ist nur Fassade, hinter der Picasso die geheime Tristesse erahnt. Paris ist nicht nur ein Fest. Sobald sie ihre Nummer gezeigt haben, setzen sich die Schauspieler und Akrobaten noch in ihren buntscheckigen Trikots vor ein Glas Absinth an den Tisch. Das »schimmernde Gift«[2] funkelt in phosphoreszierenden Reflexen und läßt die Menschen in bodenlosen Stumpfsinn sinken. Die weiblichen Pierrots an der Bar lassen völlig niedergeschlagen ihre nackten Schultern hängen. Und alles ist in Blautöne getaucht. Die Welt versinkt mit diesem Blau in Schwermut, es ist die bittere Farbe des Elends und der Verzweiflung.

Denn der Beginn der ›Blauen Periode‹ fällt mit einem der schmerzlichsten Ereignisse im Leben Picassos zusammen: dem Selbstmord von Carlos Casagemas. Zu der Trauer über den Verlust des Freundes gesellen sich bei Pablo schwere Schuldgefühle, weil er ihn in jener Zeit allein gelassen hat.

Alleluia, **illustrierter Brief an Miguel Utrillo vom Juni 1901, Feder und Farbstifte auf Papier** ***(oben und gegenüberliegende Seite).***
Das Bateau-Lavoir an der Place Emile-Goudeau in Paris ***(folgende Doppelseite).***

Die beiden jungen Männer waren nach einigen Monaten in Paris gemeinsam nach Spanien zurückgekehrt. Sie waren ein paar Tage nach Malaga gereist, wo sie mit ihrem Auftreten Aufsehen erregten. Dann hatte Picasso seine Rückkehr nach Frankreich hinausgeschoben und ließ seinen Freund allein nach Paris fahren. Casagemas kehrte nach Paris zurück, in der Hoffnung, Germaine endlich für sich zu gewinnen, ein schönes junges Mädchen mit einem kecken Haarknoten, das sich als »Modell« bezeichnete und ein lockeres Leben im Kreis der Künstler vom Montmartre führte. Als er am 17. Februar 1901 erneut abgewiesen wurde, setzte Casagemas seinem Leben ein Ende. »An Casagemas denkend, fing ich an, in Blau zu malen«, sollte Picasso sehr viel später seinem Biographen Pierre Daix anvertrauen. Im Herbst 1901 schafft Picasso unter dem etwas ironischen Titel *Poète Sabartès* ein Portrait seines an einem Kaffeehaustisch sitzenden Freundes. Nach langem Zögern hat sich nämlich Sabartès tatsächlich entschlossen, ebenfalls die Reise nach Paris zu wagen. »Die Sucht, nach Paris zu fahren, breitete sich unter uns aus wie eine Seuche und stiftete viel Unruhe«, schreibt er später in seinem Buch ›Picasso, Portraits et Souvenirs‹. »Ich habe sie mir zweifellos durch Ansteckung geholt.« Wie kann er freilich auch der Verlockung widerstehen, dort Picasso wieder-

zutreffen, der soeben bei dem berühmten Kunsthändler Ambroise Vollard ausgestellt hat und nunmehr »lanciert« zu sein scheint? Doch hält Sabartès auf Distanz, indem er sich nicht am Montmartre, sondern im Quartier Latin niederläßt: »Mir scheint, daß die Atmosphäre hier meinem Temperament entspricht«, versichert er, entschlossen, sich von der »Clique der Katalanen« abzugrenzen. Er mietet ein Zimmer in der Rue Champollion, zwei Schritte von der Sorbonne entfernt, und richtet sein Hauptquartier in der benachbarten Brasserie ›La Lorraine‹ ein, wo er eine kleine Gruppe Getreuer um sich sammelt, eine *tertulia,* deren tonangebender Mittelpunkt er sein möchte.

Manchmal »steigt Picasso vom Montmartre herab« und besucht das linke Seineufer. Dort wird dann in einem kleinen türkischen Restaurant an der Place de la Sorbonne zu Mittag gegessen. Nach einem Püree aus Kichererbsen und mit Minze gewürzten Fleischklößchen entspinnen sich endlose Diskussionen bei einem Glas Tee, in dem Pinienkerne schwimmen. Picasso möchte den Widerstand und die Zurückhaltung seines Freundes überwinden, der zugibt, daß er von den Pariser Werken des Malers »entsetzt« gewesen sei. Zuerst die schreienden, von einer dicken schwarzen Linie umrissenen Farbzonen, und nun eine Woge von Blau! Glücklicherweise versüßen und besänftigen die honigtriefenden *baklavas,* die an die spanischen *churros* von einst erinnern, und die mit Sesamkörnern bestreuten *halvas* die ziemlich erregte Atmosphäre, in der zahlreiche spanische Flüche zu hören sind.

Trotz all seiner Anstrengungen besitzt Sabartès nicht Picassos magnetische Anziehungskraft, und die abendlichen Treffen in ›La Lorraine‹ erlahmen zusehends. Eines Abends, an dem er sich allein vor einem Glas Bier langweilt, begegnet er plötzlich dem Blick des Malers, den er nicht hat eintreten sehen. Wie lange beobachtet er ihn schon? Zweifellos lange genug, um die tiefe Einsamkeit des jungen Mannes bemerkt zu haben, der inmitten des Stimmengewirrs und dem Klicken der Billardkugeln noch isolierter wirkt. »Als ich mich allein glaubte, geriet ich in die Falle von Picassos forschendem Blick«, wird Sabartès später berichten. In jenem Augenblick hat er den Maler zu einem seiner Meisterwerke inspiriert – Picasso hält ihn in »diesem wunderbaren blauen Spiegel« fest, »in dessen Tiefe der Gedanke und der Blick sich vereinigen, um sich dort zu verlieren«. Wirklich ist die ›blaue Periode‹ eine Phase, in der Picasso die spirituelle und materielle Not der Menschen vor Augen führt, die er durch die kärglich gedeckten Tische und leeren Teller in den Gemälden *L'Ascète* (Der Asket) oder *Le Repas de l'aveugle* (Das Mahl des Blinden) symbolisiert. Hier reduziert sich das Essen auf ein Stück Brot, das die übertrieben in die Länge gezogenen Finger nur leicht berühren, auf der Suche nach einem Kontakt mit der Realität, von der sich der Dargestellte ausgeschlossen fühlt.

Portrait Ambroise Vollard, um 1907, Radierung.

Sabartès ist geschmeichelt, daß er »in der großen Familie von Picassos Schöpfungen einen Platz erhalten hat« und ändert rasch seine Meinung über den neuen Stil seines Freundes. Er geht sogar so weit, einen Artikel zu schreiben, in dem er diesen ›blauen Stil‹ feiert, der, wie er sagt, »zunehmend Besitz von mir ergreift«. Kurz vor Weihnachten 1901 erklärt er sich schließlich bereit, ebenfalls auf den Montmartre zu ziehen. Die Sezession im Quartier Latin ist beendet. Alles, was Paris noch an unbekannten Genies, an leichtherzigen und liebreizenden Musen und an gutmütigen Kneipenwirten aufzuweisen hat, die stets bereit sind, Kredit im Austausch für ein Bild zu geben, lebt im Umkreis von La Butte. Hier muß man wohnen.

Und hier ist es auch, wo Picasso im Frühling 1904, bei seiner vierten Rückkehr nach Frankreich, einen Platz findet, an dem er endgültig Anker werfen kann: zwischen der Rue Gabrielle, wo er einst mit Casagemas wohnte und dem ›Zut‹, einer der bevorzugten Kneipen der Spanier an der Place Ravignan. Er mietet ein freigewordenes Atelier in einem großen und ziemlich verfallenen Holzgebäude am Südwesthang des Montmartre, dessen oberste Etage auf die Place Ravignan hinausgeht. Max Jacob tauft es nach den auf der Seine ankernden Wäschereibooten, an das es vage erinnert, »Bateau-Lavoir«.

Das Bateau-Lavoir

Ein solcher Spitzname tut diesem großen alten Kasten, der einen einzigen Wasserhahn für rund dreißig Wohnungen besitzt, allzuviel Ehre an. Doch dieser Mangel und der recht fortgeschrittene Verfallszustand des Gebäudes erklären die extrem bescheidenen Mieten und damit die Vorliebe der Künstler für das Haus. Picasso zieht freudig in ein geräumiges und sehr helles Atelier unterm Dach, das heißt auf gleicher Höhe mit der Place Ravignan: »... ein Eiskeller im Winter, ein Schwitzkasten im Sommer.«[3] Das macht ihm wenig aus, hat er doch endlich ein Zuhause. Innerhalb weniger Tage richtet er in dem leeren Raum das gleiche Chaos an wie früher, als er bei seinen Freunden kampierte.

Drei Hunde namens Gat, Feo und Frika und eine weiße Maus, die in einer Tischschublade lebt, verstärken die unglaubliche Unordnung, die bald herrscht. »Ein kleiner gußeiserner, ganz rostiger Ofen, auf dem ein gelbes irdenes Becken stand, diente als Waschtisch; ein Tuch, ein Stück Seife lagen daneben auf einem tannenen Tisch. (...)

Zwei Blätter aus dem Skizzenbuch Nr. 106, um 1908, Bleistift auf Papier:

***Zuckerdose und Gläser* (links). *Kompositionsstudie* (rechts).**

Picasso und Fernande auf dem Montmartre, um 1906.

Ein Strohstuhl, eine Staffelei, Bilder von allen Größen, Farbtuben über den Boden verstreut, Pinsel, Terpentinbehälter, ein Becken für das Scheidewasser, keine Vorhänge«:[4] so hatte sich Picasso sein Leben eingerichtet, in das eines Tages im Sommer 1904 während eines Gewitters Fernande Olivier einbricht.

Wie Germaine, wie alle Geliebten Picassos in jener Epoche, ist Fernande Modell. Sie hat für Carolus Duran posiert, für Boldini, Rochegrosse und (vielleicht) für Degas. Sie hatte einen Bildhauer geheiratet, ihn verlassen, als er angeblich verrückt wurde, und wohnt nun im Bateau-Lavoir. Die Künstler nennen sie *la Belle Fernande*, denn sie ist auffallend schön. Mit ihrem dunkelroten Haar, ihren grünen Augen, ihrer milchweißen Haut und ihren sinnlichen Formen, ihrer trägen und lasziven Lässigkeit, die ihr auch den Spitznamen Odaliske einträgt, fesselt sie Picasso. Die dunklen Blautöne seiner Gemälde weichen zunehmend helleren Farben. Zwar bevölkern noch immer Harlekine, Akrobaten und von Schwermut überschattete Menschen seine Leinwände, doch seine Palette hellt sich auf und geht von Grau zu blassem Ocker und schließlich zu zarten rosa Tönen über. Seit Fernande ihre Habseligkeiten in das Atelier des Malers gebracht hat, sieht Picasso »das Leben durch eine rosafarbene Brille«. Und man langweilt sich bestimmt nicht im Bateau-Lavoir – trotz der unfreiwilligen Fasttage, trotz des fehlenden Komforts und der Enge. Roland Dorgelès, Chronist dieser heroischen Epoche, hat uns eine pittoreske Beschreibung der auf dem »Schiff« herrschenden geräuschvoll-fröhlichen Stimmung hinterlassen. »Die Liebesseufzer drangen ungehindert durch alle Trennwände, und noch deutlicher konnte man jeden Ehestreit von einem Ende des Laderaums bis zur Ladeluke hören. Wenn die Hunde Picassos zu bellen begannen, brach die kleine Tochter van Dongens in Schluchzen aus, unterbrach der italienische Tenor seinen Gesang; der Plakatträger oder Sandwich-Mann, der betrunken nach Hause kam, drohte, alles kurz und klein zu schlagen.«[5] Die gesamte Clique durchquert regelmäßig die Butte, um in den ›Lapin agile‹ zu gehen, ein Lokal, das der ehemalige Besitzer des ›Zut‹, ein gewisser Frédé, soeben an der Place Ravignan eröffnet hat. Dieser joviale Mann mit dem weißen Bart, der keine Gelegenheit ausläßt, zur Gitarre zu greifen, um ein Chanson zu begleiten, ist diesen schäbig gekleideten Spaniern, die die Wände seiner Etablissements umsonst bemalen, freundschaftlich zugetan. Im ›Zut‹ waren Pichot und Picasso mit ihren phantasievollen Einfällen in einen künstlerischen Wettstreit getreten: Pichot hatte einen phantastischen Eiffelturm, Picasso einen von blauen Frauen umringten Eremiten gemalt, eine Szene, die seine Freunde umgehend *Die Versuchung des hl. Antonius* tauften.

Den Auftrag zur Ausschmückung des riesigen düsteren Saales im ›Lapin agile‹ vergibt Frédé an Picasso allein.

Picasso in seinem Atelier im Bateau-Lavoir, um 1908.

Diesmal handelt es sich nicht um ein Fresko, sondern um ein Leinwandgemälde, das lange Zeit ungerahmt an der Wand des Kabaretts inmitten eines Sammelsuriums von Trödelkram hängen wird. Der Maler hat sich selbst als an der Theke stehenden Harlekin, mit einem Glas Absinth in der Hand dargestellt. Neben ihm Germaine, die aus den Armen des unglücklichen Casagemas in die von Picasso und Pichot übergegangen ist. Sie trägt eine auffallend rote Toilette zur Schau, doch ihr kreidebleiches Gesicht ähnelt einer Maske. Das unbewegliche Paar wirkt leblos, als sei es auf unbestimmte Zeit in Wartestellung erstarrt. Weder die lebhaften Farben, noch die durch die Darstellung Frédés und seiner von ihm untrennbaren Gitarre beschworene Musik bringen Wärme in eine Einsamkeit, die inmitten der angedeuteten ausgelassenen Stimmung und des warmen Ambientes nur noch quälender und herzzerreißender wirkt. Wie jener Sabartès, der im ›La Lorraine‹ allein vor seinem Glas Bier hockt, ist Picasso-Harlekin allein mit seinem Absinth. Der Alkohol, der den Geist abstumpft, verschafft die Illusion, man könne die Traurigkeit und den Hunger betrügen.

Jedem, der die 2 Francs für das Menu aufbringen kann (Wein inbegriffen), bietet der ›Lapin agile‹ kräftigere und nahrhaftere Genüsse. In der Küche wirkt Frédés Frau, die tüchtige Berthe. Sie bereitet köstliche Mahlzeiten zu, bei denen die Spezialitäten ihres heimatlichen Burgund eine Hauptrolle spielen. Wenn auch Picasso schon bei seinen vorherigen Pariser Aufenthalten das *bœuf bourguignon* entdeckt hatte, so kann er jetzt dank des Kredits, den ihm die Wirtsleute im Austausch für sein Gemälde einräumen, seine Kenntnisse der burgundischen Küche vertiefen. Sie weist gewisse Gemeinsamkeiten mit der katalanischen auf,

Au lapin agile **(Harlekin mit Glas), 1904–1905, Paris, Öl auf Leinwand. Der melancholische Harlekin an der Theke des Lokals ist Picasso selbst. Neben ihm Germaine Pichot, deretwegen Casagemas einige Jahre zuvor Selbstmord begangen hatte. Im Hintergrund sitzt Frédé, der Patron, mit seiner unvermeidlichen Gitarre.**

die er in den Zeiten des ›Quatre Gats‹ geschätzt hatte. Wie diese bietet sie eine Fülle von Fleisch- und Wurstrezepten. Neben der traditionellen Grillwurst mit Senf gibt es die mannigfaltigsten Arten, Schinken zuzubereiten: in der Pfanne mit Schalotten gebraten oder mit einer Weißweinsauce übergossen; in der Terrine, mit Petersilie gesprenkelt und in einem Aspik, das unter der Gabel zu bernsteinfarbenen Klümpchen zerbröckelt. Dünne Speckscheiben füllen den *crapiau*, diesen dicken Pfannkuchen, der heiß aufgetragen wird und der einem hilft, der grimmigsten Kälte zu trotzen. Als großer Liebhaber von Omelettes und Tortillas aller Art muß Picasso das Rezept ganz nach seinem Geschmack gefunden haben.

Katalanen und Burgunder verbindet auch dieselbe Leidenschaft für Weinbergschnecken. Die Katalanen versammeln sich jeweils am Oster- und am Pfingstmontag zu einem rituellen Schneckenessen, an dem alle Bewohner eines Dorfes oder eines Stadtviertels teilnehmen. Auf Rebenholzglut werden die mit einer Mischung aus Salz und rotem Paprikapulver gewürzten Schnecken gegrillt. Dazu gibt es große Scheiben Brot mit Knoblauchmayonnaise. Die Burgunder wiederum servieren die Schnecken in ihrem Gehäuse, gefüllt mit Petersilien-Knoblauchbutter. Doch jenseits dieser kleinen Unterschiede besteht zwischen den beiden echtes Einvernehmen, und Picasso bringt Berthes Kochkünsten höchste Wertschätzung entgegen.

Im ›Lapin agile‹ fühlt sich der Maler zu Hause. An schönen Tagen setzt er sich mit seinen Hunden auf die kleine Terrasse, die auf die Rue des Saules hinausgeht. Die Hunde sind nicht die einzigen Tiere, die zu Frédés Kabarett Zutritt haben. Ein Affe, eine von Margot, der Tochter des Wirts gezähmte Krähe und ein Esel namens Lolo bilden eine malerische Arche Noah, zu der auch das berühmte

Kaninchen auf dem Wirtshausschild gezählt werden muß, das triumphal einem Kochtopf entsteigt und eine Flasche auf der ausgestreckten Pfote balanciert. Vielleicht ist es eine Flasche eines alten *Marc de Bourgogne*, mit dem Frédé seine treuesten Kunden bewirtet, wenn er sich in Spendierlaune befindet. Einige Jahre später wird das Etikett dieses berühmten Tresterschnapses in etlichen kubistischen Werken Picassos auftauchen.

Als das Guthaben für das Bild erschöpft ist, werden die Ansprüche wieder auf die *ratas* (den Alltagsfraß) von Fernande heruntergeschraubt. »Wenn ich auch nur ein oder zwei Francs pro Tag zur Verfügung hatte«, schreibt sie in ihren Erinnerungen, »so schätzten Picassos Freunde dennoch meine Kocherei.« Auf dem kleinen gußeisernen Ofen im Atelier köchelt ein »Pott« Mischgemüse aus Kraut, Karotten, Kartoffeln, Zwiebeln und Bohnen. An Festtagen gibt Fernande ein schönes Stück Speck in den Eintopf, den die Freunde an einer Ecke des Tischs, auf der Bettkante oder notfalls auf dem Boden sitzend genießen. Wenn Fernande nicht einlädt, dann tut es ihre Freundin, Benedetta Canals. Es heißt, diese schöne Römerin habe für Renoir und Degas Modell gestanden, bevor sie Nonells besten Freund, Ricardo Canals, heiratete. Canals wird bald einer von Picassos engsten Freunden und lehrt ihn die Kunst des Gravierens. Ihre Freundschaft wird noch enger, als Fernande, die Benedetta schon lange vorher kannte, in Picassos Leben tritt. Bei den Canals ißt man hauptsächlich Makkaroni. Aber was für Makkaroni! Benedetta entwickelt

Das Kabarett ›Au lapin agile‹ um 1910. Im Vordergrund Père Frédé *(oben)*.
***Schinken, Glas, Marc-Flasche, Zeitung*, Paris, 1914, Öl und Sand auf Leinwand *(folgende Doppelseite)*.**

VIEUX
MARC

eine unerschöpfliche Phantasie, um das banalste Gericht in eine köstliche Überraschung zu verwandeln. Zwar sind natürlich Ricotta und Gorgonzola nicht aufzutreiben, doch sie ersetzt diese einfach durch Camembert oder Brie!

Wenn wirklich kein Sou mehr im Haus ist, wird ein Trick angewandt, den uns Fernande verrät: »Nie aß man bei Picasso so gut wie wenn man keinen Sou mehr hatte. Dann griff man zur List mit dem Pastetenbäcker. Man bestellte ein Mittagessen beim Patissier an der Place des Abbesses und ersuchte ihn, es punkt zwölf Uhr zu schicken. Um zwölf Uhr kam der Ausläufer, klopfte umsonst und stellte schließlich seinen Korb vor die Türe, welche sich öffnete, sobald er weg war ... Man bezahlte einige Tage später, wenn man konnte.« War der Auslieferer hartnäckig, rief Fernande durch die Türe: »Stellen Sie alles auf den Boden, ich kann jetzt nicht öffnen, ich bin ganz nackt!«

Für die Freunde dagegen steht die Türe stets offen, jedenfalls unter der Bedingung, daß sie nicht zu früh kommen, das heißt nicht vor zwölf Uhr mittags. Picasso arbeitet vor allem nachts beim Schein einer Petroleumlampe, die das ganze Atelier verpestet. Fehlt es an Petroleum, malt er mit der rechten Hand, eine Kerze in der linken. Um ihn herum ist Chaos. Fernande, die es vorzieht, auf dem Bett zu liegen und Romane zu lesen, bekennt sich offen zu ihrer grenzenlosen Faulheit gegenüber allen Hausfrauenpflichten. Und als sich das Paar schließlich eine Aufwartefrau »für 20 Sous in der Stunde« leisten kann, liest diese lieber die Zeitung und trinkt den Kaffee, den sie für Fernande und Pablo gekocht hat und die noch hinter dem Vorhang ihres bescheidenen Alkovens schlafen! Doch bis auf den Vormittag ist das Atelier im Bateau-Lavoir der Treffpunkt der Clique, die nicht mehr »die Bande der Katalanen« genannt wird, sondern nur noch »la bande à Picasso«, die Picasso-Clique. Denn das Ansehen des Malers wächst zusehends, und sein Name beginnt über das »Dorf Montmartre« hinaus bekannt zu werden. Schon 1906 taucht er

Picasso und Fernande (im Hintergrund stehend) im Jahr 1907 im Kreise ihrer Freunde.

Vase und Früchte **»Mort aux rats« (sic), Paris, 1908, Aquarell auf Papier.**

in einem Roman von Eugène Marsan auf. Das Werk und sein Autor sind in Vergessenheit geraten, aber nicht der Künstler, über den sich zwei Personen unterhalten, die an einem Tisch im ›Lapin agile‹ vor dem Selbstporträt Picassos als Harlekin sitzen: »Der Maler dieses Harlekins, sage ich Ihnen (...) hat sich schon einen Namen gemacht. (...) Er ist ein Andalusier, der auf spanische Art ... Blicke und Lumpen malt. Sie können ihn (...) den Callot der Gaukler nennen, aber merken Sie sich vor allem seinen Namen: Picasso.« [6]

»Treffpunkt der Dichter«

Eines schönen Tages im Jahr 1905 steht Picasso auf dem einzigen wackligen Stuhl seines Haushalts und pinselt über den Eingang zu seinem Atelier die Worte: »Rendez-vous des poètes« (Treffpunkt der Dichter). Der Plural mag erstaunen, denn trotz des Titels »poète«, mit dem Picasso Sabartès auf dem Gemälde beehrte, das er von ihm schuf, zählt zur »Picasso-Clique« nur ein einziger Dichter, der diesen Namen verdient: der unwiderstehliche Max Jacob.

Paris

Apollinaire in Yvetot im Sommer 1913. Vier Tage vor seinem 23. Geburtstag lernte Picasso in einer englischen Bar in der Rue d'Amsterdam Guillaume Apollinaire kennen. Der Tod des Dichters im November 1918 beendete abrupt die leidenschaftliche Komplizenschaft der beiden Männer, die die Begeisterung für Streifzüge durch das nächtliche Paris, für endlose Diskussionen in den »von Rauch geblähten« Cafés und … für füllige Musen teilten.

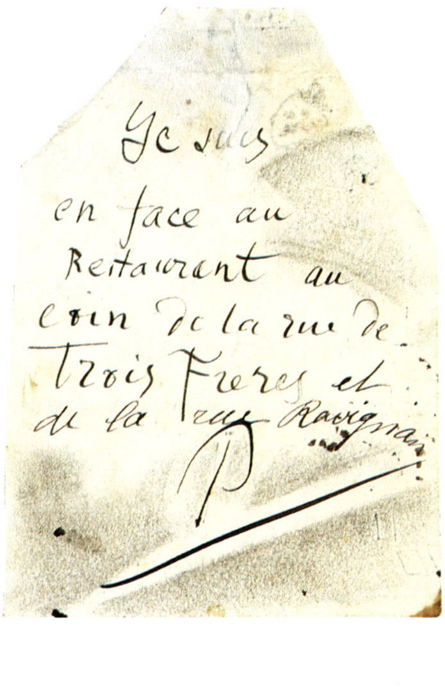
Je suis
en face au
Restaurant au
coin de la rue de
Trois Freres et
de la rue Ravignan
P

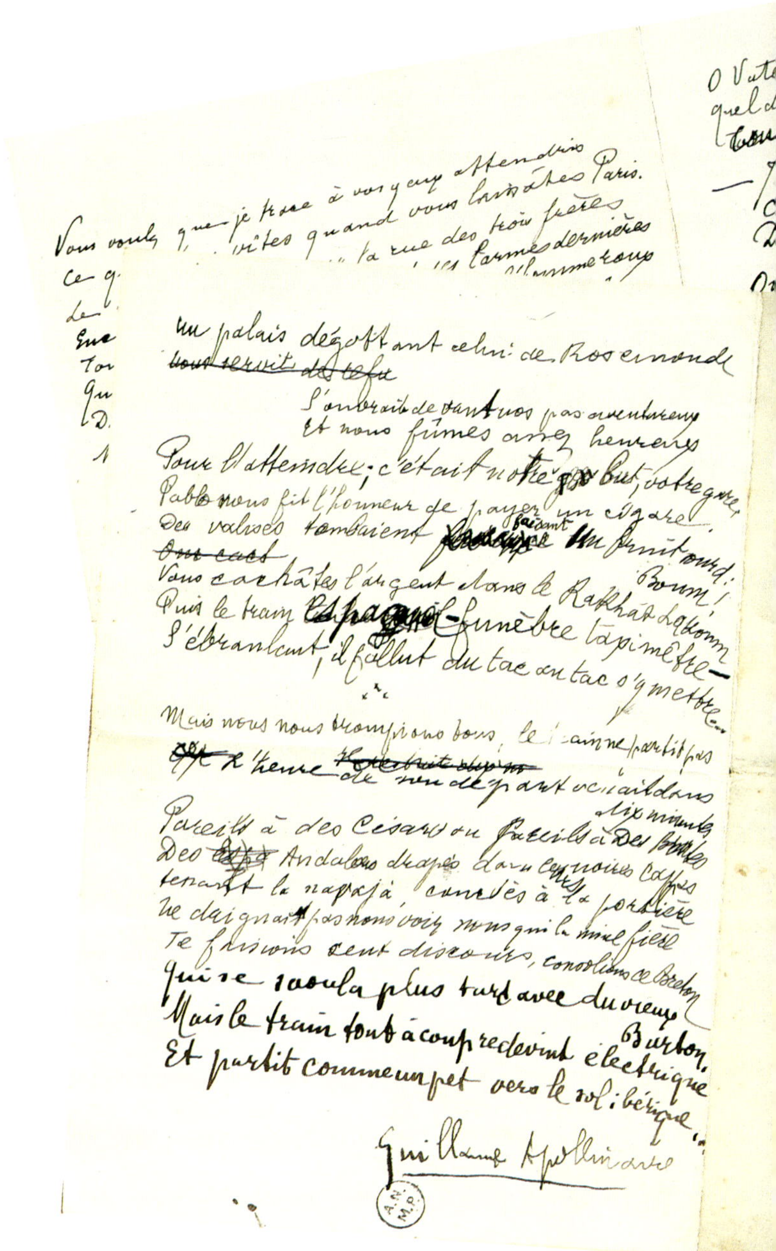
Un palais dégottant celui de Rosemonde
S'ombrait devant nos pas aventureux
Et nous fûmes assez heureux
Pour l'attendre; c'était notre but, votre gare
Pablo nous fit l'honneur de payer un cigare
Des valses tombaient faisant un bruit sourd.
Vous cachâtes l'argent dans le Rakhat Lakoum
Boum!
Puis le train funèbre tapi mettre
S'ébranlant, il fallut du tac au tac s'y mettre
Mais nous nous trompions bien, le train ne partit pas
l'heure de son départ oscillait dans
dix minutes
Pareils à des Césars ou pareils à des boules
Des Andalous drapés dans leurs noires capes
tenant la navaja, cambrés à la portière
Ne daignaient pas nous voir mais qui le mieux fière
Je fisions cent discours, consolations de Bidon
Qui se saoula plus tard avec du vieux Burton
Mais le train tout à coup redevint électrique
Et partit comme un pet vers le sol ibérique.
Guillaume Apollinaire

In seiner gereimten Botschaft an den Maler beschwört Apollinaire die heldenhafte Expedition bis zum Bahnhof und das Fest, das der Abfahrt vor-

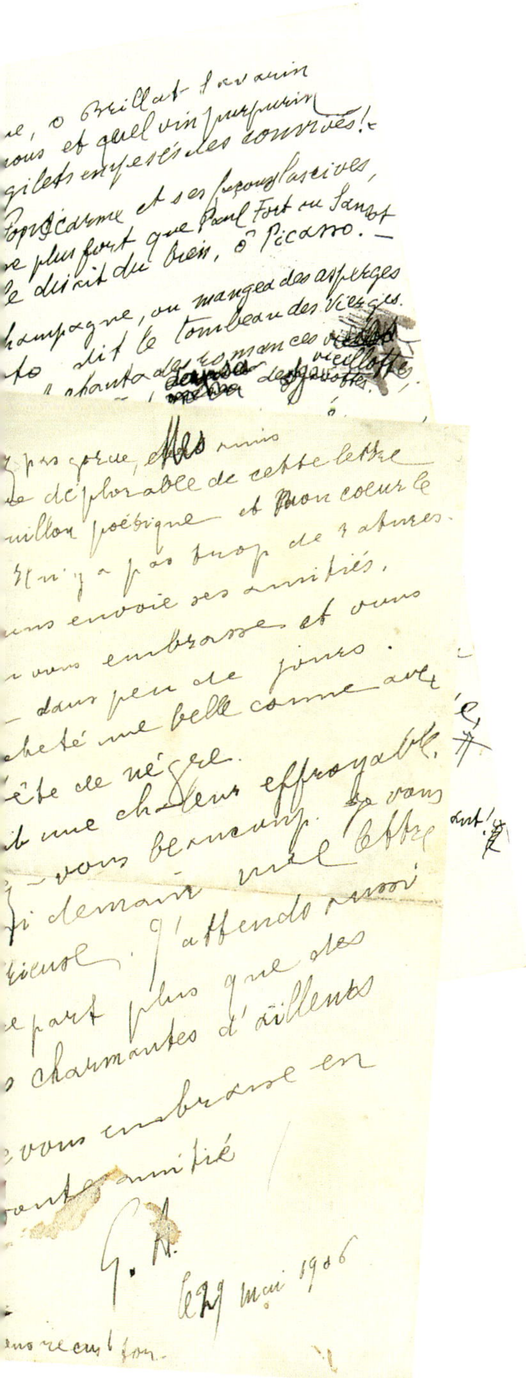
e, ô Brillat Savarin
ous et quel vin purpurin
gilets empesés des convives! –
Carême et ses façons lascives,
e plus fort que Paul Fort ou Sarot
le dit du bois, ô Picasso. –
hampagne, on mangea des asperges
to dit le tombeau des Vierges
chanta des romances vieillottes
pas encore, Mes amis
de déplorable de cette lettre
illon poétique et mon coeur le
Il n'y a pas trop de 7 autres.
vous envoie ses amitiés,
vous embrasse et vous
vous embrasse
dans peu de jours
cheté une belle comme avec
ête de nègre
une chaleur effroyable
vous beaucoup vous
demain une lettre
j'attends aussi
part plus que des
charmantes d'ailleurs
vous embrasse en
amitié
G. A.
le 29 mai 1906

*E*ine Botschaft Picassos an Apollinaire, vor 1909 *(Recto oben, Verso auf der gegenüberliegenden Seite unten).*
Max Jacob, *Apollinaire und seine Muse*, 1910, Gouache auf Papier *(unten).*

ausging: »O Vatel, o Carême, o Brillat-Savarin / Welch ein Mahl genossen wir und welch ein Wein / rann über die gestärkten Hemdbrüste der Gäste!«

Jedenfalls gilt dies bis zum Herbst 1904; dann aber lernt Picasso einige Tage vor seinem 23. Geburtstag den zweiten Dichter seines Lebens kennen – nicht etwa am Montmartre, sondern in einer englischen Bar in der Rue d'Amsterdam. Der kleine dunkelhaarige und dunkeläugige Andalusier steht einem Riesen gegenüber »mit einem Gesicht blaß wie Elfenbein, dessen Kinn ausladender ist als die Stirn« und mit einem dröhnenden Lachen: Guillaume Apollinaire. Jeder erkennt im anderen auf den ersten Blick den Gleichgesinnten: jeder errät im anderen einen Bilderstürmer gleichen Kalibers.

Apollinaire verläßt die fragwürdige Umgebung des Bahnhofs Saint Lazare, um ein treuer Anhänger der Butte Montmartre zu werden. Schon bald hat er im »Treffpunkt der Dichter« seine Serviette – oder besser, einen Zipfel der Serviette. Im Bateau-Lavoir ist die Haushaltswäsche knapp, doch Fernande weiß sich mit ihrer gewohnten Unbekümmertheit zu helfen: »Ich habe nur noch eine Serviette«, ruft sie eines Tages ihren Gästen zu, »arrangiert euch, ihr vier, damit jeder seine Ecke hat.« Sofort tauft Apollinaire die Serviette, die von Hand zu Hand geht, »Serviette der Dichter«. Sie wird von Juan Gris, dem jungen spanischen Maler, der erst kürzlich nach Paris gekommen ist, an Max Jacob, dann an Apollinaire und schließlich an Picasso weitergereicht. Malerei und Dichtkunst verbrüdern sich und sitzen einträchtig vor einer von Fernandes *ratas* inmitten der auf dem Boden verstreuten halbleeren Farbtuben und den in großen Haufen an den Wänden gestapelten Leinwänden. Auf einigen von ihnen sind die blassen Umrisse irrwischhaft-zarter Gaukler zu erkennen. Sie sind in jenes »schwindsüchtige Rosa« gehüllt, in das Apollinaire seinerseits die Fahrenden in seinen Gedichten kleidet. Um 1905–1906 tendiert Picassos Malweise zu einer wachsenden Vereinfachung der Volumen. Sogar die Portraits belegen diese manchmal quälende Suche. So ist etwa das Bildnis der Gertrude Stein, die er soeben kennengelernt hat, nach 24 Sitzungen immer noch nicht vollendet. In der Tat findet Apollinaire in jenen Jahren nicht als einziger den Weg ins Bateau-Lavoir, das nach den Worten von Max Jacob bald zur »Akropolis des Kubismus« werden sollte.

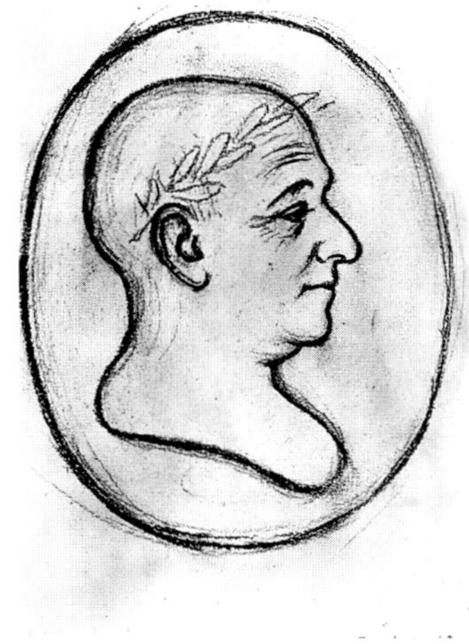

Portrait des lorbeerbekränzten Max Jacob,
1928, Bleistift auf Papier.

Kunsthändler und Kunstliebhaber schauen immer häufiger im »Rendez-vous des poètes« vorbei. Sie machen es sich auf dem Bett oder auf einem von den Nachbarn geborgten Sitzkissen bequem und lassen ihre Zigarettenasche auf den Boden fallen, ganz wie der Meister, der in seinem blauen Mechaniker-Overall auf der Kante seines einzigen Stuhls sitzt und malt. Gertrude Stein und ihr Bruder Leo Stein kommen ebenso hierher wie Wilhelm Uhde, ein dandyhafter Deutscher, der inmitten von Picassos chaotischer Rumpelkammer eine bemerkenswerte Gelassenheit an den Tag legt. Zu den Neuankömmlingen gesellen sich die treuen langjährigen Stammkunden, und sogar ein Relikt aus der Vergangenheit, der Händler aus der Rue Lafitte, Ambroise Vollard, taucht wieder auf. Nachdem er die erste Picasso-Ausstellung im Sommer 1901 organisiert hatte, war sein Interesse an dem Künstler erloschen, dessen ›blaue Periode‹ er nicht schätzte. Doch Apollinaire gelingt es schließlich, ihn zu einer Revision seines Urteils zu bewegen. Im Frühling 1906 fährt der Händler unter den erstaunten Blicken Max Jacobs und der aufgeregten Nachbarschaft in einem Fiaker vor und lädt auf einen Schlag dreißig Gemälde ein, den größten Teil aus der ›rosa Periode‹, die glücklicherweise seinen Beifall findet. Er läßt zweitausend Goldfrancs zurück, ein Vermögen, von dem es sich drei Jahre lang leben läßt. Mit dieser Summe reisen Pablo und Fernande nach Barcelona und Gósol. Bei

Restaurant, Paris, Frühling 1914, Öl auf ausgeschnittener Leinwand.

»Ist es Lehm, trockener als all diese zerrissenen Zeitungen,
mit denen du dich zur Eroberung der Morgenröte aufmachtest (...)
Üppig schnittest du die Form eines Huhns aus.
Deine Hände spielten mit deinem Päckchen Tabak,
Mit einem Glas, einer Literflasche«

Paul Éluard

Gertrude Stein vor dem Stamm eines riesigen Mammutbaums im Museum des *Yosemite-Parks* in den Vereinigten Staaten.

ihrer Rückkehr verbessert sich ihr Leben, und das Paar kann sogar seinen Freunden regelrechte *fiestas* bieten, »Bankette«, um den Verkauf oder, wie zu Beginn des Winters 1908, sogar den Ankauf eines Gemäldes zu feiern.

Das Bankett zu Ehren des Zöllners Rousseau

Mit dem Geld von Vollard kann sich Picasso seinerseits auf Schatzsuche nach Meisterwerken begeben. Er stöbert häufig bei jenen Trödlern herum, die ihrer Kundschaft unter dem Etikett »Antiquitäten« gebrauchte Matratzen und angeschlagene Vasen anbieten, daneben aber auch moderne Gemälde, die manchmal von einem Künstler in äußerster Bedrängnis als Pfand hinterlassen wurden. So sieht auch der schäbige Laden des Père Soulier aus, eines ehemaligen Jahrmarktringers, von dem es heißt, er könne bis zu fünfzig Apéritifs am Tag trinken. Unter den Gemälden, die stapelweise auf dem Gehsteig gegenüber dem Zirkus Médrano liegen, entdeckt Picasso das große Portrait einer Frau »mit strengem Blick«. Soulier überläßt es ihm für 5 Francs, indem er ihm eifrig versichert, die Leinwand sei noch brauchbar und meint: »Sie können sie gut übermalen!«[7]

Der Maler hütet sich, diesen Rat zu befolgen und hängt die große Frau im schwarzen Kleid, die durch die ›naive‹ Malkunst des Zöllners Rousseau unsterblich gemacht wurde, an einen guten Platz in seinem Atelier. Apollinaire teilt seine Begeisterung und verfaßt einen Essay über den bescheidenen Angestellten bei der Zollverwaltung von Paris, der ein außergewöhnlicher Künstler geworden ist.

Rousseau hatte sich wahrlich ein Bankett verdient! Und so trommeln die beiden Freunde ihre Anhänger zusammen und verschicken eine beeindruckende Zahl von Einladungen. Fernande erhält den Auftrag, Gertrude Stein und ihrer Freundin Alice Toklas – eine andere Amerikanerin, der sie Französischunterricht erteilt – die Einladung mündlich zu überbringen. In ihrer Autobiographie von Alice B. Toklas berichtet Gertrude Stein von den Vorbereitungen zu dieser denkwürdigen Soirée: »Fernande beschrieb mir das Menu in allen Einzelheiten. Es würde *Reis à la Valencienne* geben. Das Rezept hatte Fernande auf ihrer letzten Spanienreise kennengelernt.«

Dieser Reis, der Höhepunkt des Abends, wird bei den Nachbarn gekocht, um dem Atelier nichts von seiner Würde als »Empfangssalon« zu nehmen. Fernande hat zwar das spanische Rezept mitgebracht, nicht aber eine Paellapfanne, jene traditionelle flache Pfanne mit zwei Henkeln, in der sich der Reis perfekt zubereiten läßt. Man muß sich also mit einem gewaltigen (geliehenen) Kessel begnügen, der freilich den Vorteil hat, genügend Reis aufnehmen zu können, um die etwa dreißig Gäste satt zu machen. Fernande sitzt auf glühenden Kohlen: zehnmal schon ist sie zu den Nachbarn gelaufen, um den Kessel zu überwachen und immer wieder einige Schöpflöffel Brühe

Apfel, 1909, Aquarell auf Papier und Gipsskulptur.

»Um etwas Revolutionäres darzustellen, muß man keinen Mann mit einem Gewehr malen, ein Apfel kann ebenso revolutionär sein« (Picasso, 1947).

Paris

»Die Schriften auf Schildern und Mauern, Die Lackfarben, die Plakate kreischen Papageien gleich.«

Guillaume Apollinaire

***Landschaft mit Plakaten*, Sorgues, Sommer 1912, Öl und Ripolinlack auf Leinwand.**

nachzugießen, damit der Reis weder klebt noch austrocknet. Endlich erscheint Apollinaire, der ganz feierlich einen kleinen Mann mit Kinnbärtchen und einem großen schwarzen Barett auf dem Kopf hereinführt. Der Einzug des Zöllners wird mit Jubel begrüßt. Jetzt kann man zu Tisch gehen. Der Reis à la Valencienne, mit Kaninchenfleisch, Huhn und Würsten garniert, köstlich mit Safran gewürzt, ist ein großer Erfolg. Apollinaire, der sich stets für die Kochkunst interessiert, möchte Genaueres über die verwendeten Gewürze wissen und stellt Vergleiche mit dem *Risotto alla milanese* an, für den er Spezialist ist.

Er unterbricht sich nur, um laut den Worten eines jungen Malers zuzustimmen, den er im Bateau-Lavoir eingeführt hat: Georges Braque. Dieser weist auf eine an die Wand gelehnte Leinwand. Auf ihr bieten sich fünf weibliche Akte den Blicken dar – ein eher klassisches Sujet. Aber sind zwei dieser eckigen Gestalten mit ihren affenähnlichen Gesichtern, die mit rillenartigen Schatten gezeichnet sind, wirklich Frauen? Und diese spitzen Ellenbogen, diese riesigen Hände (vor noch gar nicht so langer Zeit hat Picasso gerade Hände so fein zu malen verstanden, geradezu durchscheinend und zartgliedrig), diese schiefen, starren Augen, sind sie noch menschlich? Braque ruft Apollinaire als Zeugen an: keiner der beiden kann diese neuerliche Revolution des unglaublichen Katalanen ganz akzeptieren. Pablo zuckt die Achseln. Seit er sie gemalt hat, haben ihm diese fünf Demoiselles, Insassinen eines Bordells in der Calle Avignon, einer Straße im Vergnügungsviertel von Barcelona, nur Hohn und Spott eingetragen. Selbst Guillaume Apollinaire stimmt darin ein. Und Braque ruft angesichts des Gemäldes aus: »Das ist ja, als wolltest du uns Werg zu essen und Petroleum zu trinken geben!«

Georges Braque, um 1912–1913.

Als die *Nonnenfürzchen* und die *Windbeutel* aufgetragen werden, hat die Stunde der Reden geschlagen. »Apollinaire erhob sich und hielt eine feierliche Lobrede; (...) die mit einem selbstverfaßten Gedicht schloß, das er teilweise sang und in dessen Refrain: ›La Peinture de ce Rousseau‹ alle einstimmten«, berichtet Gertrude Stein. Braque begleitet den Chor auf dem Akkordeon. Der Zöllner ist selig und verspeist Nonnenfürzchen, deren Puderzucker das Revers seines schwarzen Rocks bestäubt. Er selbst spielt einige Melodien auf der Violine, von der er sich nur selten trennt. Schließlich tanzte Pichot, an diesem Abend der einzige Übriggebliebene aus dem ›Quatre Gats‹, »einen wunderbar religiösen spanischen Tanz, der damit endete, daß sich der Tänzer wie ein gekreuzigter Christus auf den Boden warf«.

Picasso betrachtet schweigend das Stilleben, das er am unteren Bildrand der *Demoiselles d'Avignon* dargestellt hat: einige seiner Lieblingsfrüchte und eine Scheibe Wassermelone, deren Krümmung ebenso spitz zuläuft wie die Nasen seiner Kurtisanen. »Bringe den Sommer, Melonenscheibe«, wird er eines Tages schreiben. Und in der eisigen Nacht dieses Winteranfangs in Paris, während Pichot zu Ehren des Zöllners Rousseau tanzt, denkt Picasso an Spanien.

Das rechte und das linke Seineufer

Nachdem der Erfolg sich eingestellt hat, verlassen Pablo und Fernande immer häufiger die Butte, um »in der Stadt«

zu Abend zu essen. Meist gehen sie die Rue Lafitte hinunter bis zu Ambroise Vollards Geschäft. Der Kunsthändler empfängt im Keller. »Ein Bretterverschlag trennte meinen Keller in zwei Teile«, schreibt er in seinen ›Memoiren eines Kunsthändlers‹, »der eine, durch ein Kellerloch gelüftet, wurde als Küche gewählt, der andere diente mir als Speisezimmer. In dieser Abteilung, die ohne Verbindung ins Freie war, verdichtete sich die Wärme zu Feuchtigkeit.« Dazu erzählt Vollard die folgende Anekdote: »Als Renoir eines Abends nach dem Essen seinen Stock von der Wand nahm, an die er ihn gestellt hatte, fragte er verwundert: ›Ist hier irgendwo eine Wasserader?‹ – ›Eine Wasserader? Wieso denn?‹ – ›Sehen Sie meinen Stock an! Er ist ganz naß!‹«

Trotz des mangelnden Komforts verlaufen die »Keller-Diners« immer sehr angeregt. Wie Apollinaire berichtet, war die Küche »einfach, aber schmackhaft; es gab Gerichte, die nach den überlieferten Regeln der alten französischen Küche zubereitet wurden, wie sie in den Kolonien noch üblich waren, Speisen, die lange auf kleinem Feuer gegart und mit exotischen Gewürzen verfeinert wurden«. Vollard, in La Réunion geboren und dort aufgewachsen, tischt mit Vorliebe Curryhuhn auf, das »Nationalgericht« seiner heimatlichen Insel, das »durch seinen Esprit noch mehr gewürzt wurde, wobei sein kreolisches Lispeln einen besonders köstlichen Reiz ausübte«, fügt Fernande hinzu.

Wenn auch der Kunsthändler keine Mühe scheut, seine Lieblingskünstler zu bewirten, so ist er hingegen wenig geneigt, ihre Werke auszustellen. »Wenn Sie zu Vollard gingen, würden Sie bei ihm nie einen Picasso finden und auch viele andere Werke nicht, die der Kunsthändler eifersüchtig verbarg und die er nur einigen Privilegierten zeigte. Aber welche Schätze ruhten in seinen Kellern in der Rue Lafitte!« sagt die Gefährtin des Malers. Es kommt gar nicht in Frage, daß diese Wunder dem Erstbesten enthüllt werden, den »unliebsamen Ausländern«, den Snobs und Neureichen, für die die moderne Kunst nur eine spielerische Marotte ist. Wie etwa für jene mondäne Dame aus Deutschland, die durch den Grafen Keßler den Keller hatte rühmen hören. Daraufhin trug sie in ihr Notizbuch ein: »Souper im Keller Vollard«, weil sie glaubte, der Keller sei ein Nachtlokal, das man gesehen haben müsse.

»Tatsächlich kam es vor, daß der Keller sich durchaus mit einem Kabarett am Montmartre messen konnte«, räumt der Hausherr ein. Es herrscht eine lebhafte Atmosphäre, insbesondere wenn die Picassos hier sind. Vollard

Der Dichter Paul Fort *(rechts)* 1920 auf der Terrasse von ›La Closerie des Lilas‹. Er »lancierte« das Café und veranstaltete dort Dichterlesungen, zu denen Guillaume Apollinaire Picasso mitbrachte.

hat die Eigenschaft, Picassos Spott zu reizen und seinen bissigen Humor anzustacheln. Hat der Künstler nicht eines schönen Tages eine Scheibe kalter Zunge mit der Hand hochgehalten und erklärt, dies sei ein Portrait des Kunsthändlers? Der gerundete obere Teil erinnere an den Schädel, den Vollard häufig durch ein Barett, ein Käppchen oder durch ein nach kreolischer Mode geknotetes Tuch verbarg, und die längliche untere Partie sähe den Zügen seines affenähnlichen Gesichts zum Verwechseln ähnlich. Picasso nahm es seinem Gastgeber immer noch übel, daß er ihn nach seiner ersten Ausstellung im Jahre 1901 fallengelassen hatte, die übrigens im Gegensatz zu Vollards etwas böswilliger Behauptung in seinen Memoiren kein Fiasko gewesen war.

Manche Einladungen führen den Maler und seine Gefährtin an das linke Seineufer, das sie zu entdecken beginnen. Jeden Dienstagabend gehen die beiden in die ›Closerie des Lilas‹, ein am Rande von Montparnasse gelegenes Lokal. Dort treffen sie eine Gruppe von Künstlern und Schriftstellern, die sich den Namen ›Vers et Prose‹ gegeben hat. Bei diesen Treffen präsidiert Apollinaire, dröhnender denn je. Nur der Dichter Jean Moréas, der mit seinen ätzenden Bonmots die Teilnehmer zugleich erschreckt und fasziniert, macht ihm den Rang streitig. »Sagen Sie mir, Monsieur Picasso«, fragt er den jungen Maler eines Abends, indem er sein berühmtes Monokel auf ihn richtet, »war Velázquez eigentlich ein guter Maler?« Dabei bricht er in ein beleidigendes Gelächter aus, ohne die Antwort abzuwarten. Ungeachtet dieser Sticheleien fühlt man sich wohl in dem behaglichen Gastraum der Closerie, neben dem der ›Lapin agile‹ nur eine Spelunke ist. In den Sommernächten sitzt man bis zum Morgengrauen unter den Platanen des Boulevards, im Schutz der Kübelpflanzen, die die Terrasse abschirmen.

Der andere Anziehungspunkt am linken Ufer der Seine ist das Haus von Leo und Gertrude Stein in der Rue de Fleurus Nr. 27. Von 1903 bis 1913, dem Jahr ihrer Trennung, bilden Bruder und Schwester nach Aussage eines ihrer Freunde »das glücklichste Paar am linken Ufer«[8] – zweifellos auch eines der exzentrischsten. Reich, unabhängig und kapriziös, begeistern sie sich nacheinander für Medizin, die ›frühen‹ Italiener und die moderne Kunst. Apollinaire hat eine recht ironische Skizze von »Mademoiselle Stein, jener Amerikanerin, die zusammen mit ihren Brüdern und einem Teil ihrer Verwandtschaft die verblüffendsten Mäzene unserer Zeit sind« hinterlassen. Er schreibt: »Ihre nackten Füße sind beschuht mit delphischen Sandalen. Sie wenden ihre forschenden Stirnen zum Himmel. Die Sandalen haben ihnen manchmal bei Lieferanten und Limonadenverkäufern Ungemach beschert. Wenn diese Millionäre auf der Terrasse eines Boulevard-Cafés Erfrischungen einnehmen wollen, weigern sich die Kellner, sie zu bedienen und geben ihnen höflich zu verstehen, daß man hier nur Speisen und Getränke serviere, die für Sandalenträger zu teuer sind. Doch sie lachen nur darüber und verfolgen mit ruhiger Bestimmtheit ihre ästhetischen Interessen weiter.«

Diese bestehen darin, bei allen Kunsthändlern und Trödlern der Hauptstadt herumzustöbern. Leo entwickelt eine Sammelleidenschaft, mit der er seine Schwester ansteckt. Der erste Picasso, der an der Wand ihres Pavillons an der Rue de Fleurus Platz findet, ist die Aktdarstellung eines jungen Mädchens mit einem Blumenkorb. Ihr werden viele andere Bilder des Künstlers folgen. Denn der kleine Spanier mit »den lebendigen Augen, die zwei großen Seen gleichen« und den »urwüchsigen Manieren«, wie sie ihn beschreibt, hat Gertrude Stein für sich gewonnen. Er selbst steht ebenfalls im Banne dieser Frau mit der imposanten Statur, den wie aus Granit gemeißelten Gesichtszügen und dem gebieterischen Ton: eigentlich erinnert sie ein wenig an die *Frau in Schwarz* des Zöllners Rousseau.

Im Gegensatz zu Ambroise Vollard, der die Werke seiner Lieblingskünstler in den Tiefen seines Kellers eifersüchtig hütet, gehen die Steins mit ihnen großzügig um. Ihre Tür steht allen Kunstliebhabern offen. Jeden Samstag geben sie ein großes Diner, bei dem Hélène, ihre Haushälterin, an der Tafel präsidiert. Ihr Bravourstück, das Soufflé, wird von den Gästen stets mit Jubel begrüßt. Als bei Picasso ein gewisser Wohlstand einzieht, wird Fernande nicht eher ruhen, als bis auch sie »ihre« Expertin für Soufflés hat.

Menu, **Paris, Frühling 1914, Öl und Sägemehl auf Karton.**

Doch wie Gertrude Stein betont, hat Hélène auch »ihre Launen«. Sie kann Matisse nicht leiden, einen der Stammgäste des Hauses, dessen unbekümmerte Art, sich zum Essen einzuladen, sie gar nicht schätzt. »Wenn Miss Stein zu Hélène sagte: ›Monsieur Matisse bleibt heute zum Abendessen‹, erwiderte Hélène: ›In diesem Fall mache ich kein Omelette, sondern Spiegeleier. Dafür braucht man ebenso viele Eier und ebensoviel Butter, aber das Gericht zeugt von weniger Respekt, und das wird er verstehen.‹« Es ist freilich nicht bekannt, ob Matisse die Subtilität dieser kulinarischen Botschaft begriffen hat. Picasso dagegen wird von Hélène verwöhnt. Sie freut sich über den Heißhunger, mit dem er das Spinatsoufflé verschlingt und liebt seine Pünktlichkeit, eine seltene Tugend in diesem Bohémien-Milieu. Hinzu kommt, daß auch er Matisse wenig schätzt, der diese Abneigung aufrichtig erwidert und sich ärgert, daß die Steins in diesen »kleinen Torero« vernarrt sind. »Mademoiselle Gertrud«, meint er, »liebt Lokalkolorit und theatralische Effekte. Ein wertvoller Mensch wie sie kann doch unmöglich eine ernsthafte Freundschaft mit einem Mann wie Picasso unterhalten.« Doch die Hausherrin mokiert sich lediglich über seine Vorurteile und nennt ihn nur noch »C.M.«, ironisch gemeinte Initialen für »Cher Maître« (lieber Meister).

Im Jahr 1908 zieht Alice Toklas, die Geliebte von Gertrude Stein, in die Rue de Fleurus. Ihre Ankunft läutet eine neue Ära in der Küche des Hauses ein: Neben französischen Spezialitäten und italienischen Rezepten, die Miss Stein von ihren Aufenthalten in der Toskana mitgebracht hat, erscheinen von Alice zubereitete typisch amerikani-

»Montparnasse war ein kleines entfesseltes Paradies, wild, fast wahnwitzig, aber völlig im Einklang mit den Empfindungen dieser Epoche.«

Joseph Kessel

Bal Musette am Montparnasse, 1926 von Kertesz photographiert.

NE SERA

sche Gerichte auf dem Tisch. »Ich habe angefangen, die einfachen Speisen zu kochen, die ich bei den Menschen im Tal von San Joaquín in Kalifornien gegessen habe: Hühnerfrikassee, Maisbrot, gedeckten Apfelkuchen und Zitronentorte. Dann, als der Teig Gertrude Steins kritische Prüfung bestanden hatte, machte ich *mincemeat pie.«* Das ist ursprünglich eine Hackfleischpastete, die Alice auch mit einer Früchtemischung zu füllen pflegt, deren Duft sich bis zum »Atelier« ausbreitet, das an den Pavillon stößt. An den Samstagen dient es als Empfangsraum, denn das Eßzimmer mit seinen überquellenden Bücherregalen ist allzu eng. Gertrude Stein trägt allen Empfindlichkeiten Rechnung, in dem sie dafür sorgt, jeden Künstler gegenüber seinen Werken zu plazieren. Matisse sitzt im Angesicht seiner *Femme au chapeau* (Frau mit Hut), Picasso gegenüber seinem Portrait der Gastgeberin, das er im vergangenen Sommer nach seiner Rückkehr aus Gósol schließlich vollendet hat.

Alice Toklas stellt sich mit ihrer Küche auf die Gäste ein. Sie läßt ihrer Phantasie freien Lauf, um ihnen Gerichte in den Farben von Bildern aufzutischen. »Als Picasso eines Tages bei uns zu Mittag aß«, erzählt sie, »dekorierte ich einen Fisch auf eine Art, die ihn meiner Meinung nach amüsieren würde. Ich suchte einen schönen Wolfsbarsch aus und sott ihn nach der Theorie meiner Großmutter (...). Sie meinte, daß ein Fisch, der sein ganzes Leben im Wasser verbracht hatte, nach dem Fang nicht mehr in Kontakt mit dem Element kommen sollte, in dem er geboren wurde und gelebt hatte. Sie empfahl, ihn zu grillen oder in Wein, Sahne oder Butter zu pochieren. So machte ich einen Sud aus trockenem Weißwein mit Pfefferkörnern, Salz, einem Lorbeerblatt, einem Zweig Thymian, etwas Muskatblüte, einer mit einer Gewürznelke besteckten Zwiebel, einer Karotte, einer Lauchstange und einem Kräutersträußchen. Dies alles ließ ich eine Stunde lang im Fischkochtopf sanft köcheln und dann abkühlen. Danach wurde der Fisch auf den Siebeinsatz im Topf gelegt und zugedeckt. Der Sud wurde langsam zum Sieden gebracht und der Fisch 20 Minuten lang pochiert. Dann blieb er bis zum Erkalten im Sud liegen. Darauf ließ ich ihn sorgfältig abtropfen, tupfte ihn trocken und legte ihn auf die Fischplatte. Kurz vor dem Servieren überzog ich ihn mit einer gewöhnlichen Mayonnaise und verzierte ihn aus der Spritztülle mit einer roten Mayonnaise, die nicht etwa – schlimmstes aller Vergehen – mit Ketchup, sondern mit Tomatenmark gefärbt war. Dann machte ich ein Streifenmuster aus harten Eiern, wobei ich Eiweiß und Eidotter getrennt durch ein Sieb passierte, aus Trüffeln und feingehackten Kräutern. Ich war stolz auf mein Meisterwerk, als es aufgetragen wurde, und Picasso brach ob seiner Schönheit in Rufe der Bewunderung aus. ›Aber‹, sagte er ›man hätte das Gericht eigentlich zu Ehren von Matisse machen müssen, zu dem es noch besser gepaßt hätte als zu mir.‹« Wirklich steht der rot und gelb verzierte Fisch wohl eher mit den strahlenden Gemälden von Matisse in Einklang als mit den Bildern, die sich Picasso in diesen Jahren zu malen anschickt.

Künstlerische Revolution und bürgerliche Küche

Als Picasso Ende des Sommers 1909 aus Horta de Ebro zurückkehrt, erkundet er gemeinsam mit Braque, der zu seinem unzertrennlichen Freund geworden ist, neue Wege der Gestaltung. Er arbeitet daran, die Wirklichkeit zu zerlegen, um alle ihre Facetten zu erfassen. »Er verschmäht die Form und führt alles, Landschaften, Figuren und Häuser auf geometrische Muster, auf Kuben zurück.« Diese Worte des Kritikers Louis Vauxcelles anläßlich der ersten Ausstellung von Braque im November 1908 lassen sich auch auf Picasso anwenden, den Miterfinder des Kubismus.

Von dem Motiv der Taube mit grünen Erbsen auf dem gleichnamigen Gemälde bleibt nur das Wesentliche. Die Suggestion einer Form mittels einiger gerundeter Kurven in der Mitte eines Gerüsts von Geraden; dazu fünf oder sechs Kügelchen, die allerdings grau sind, denn für Picasso ist die Farbe nur eine Falle, die den Blick auf der Oberfläche der Dinge festhält; schließlich noch ein erhobener Krallenfuß von aggressivem Realismus. Dieses Bild *Pigeon aux petits pois* zeigt die in emblematische Teile verwandelten Tauben, die Don José vor zwanzig Jahren so gern malte

Taube mit grünen Erbsen, Paris, Januar–März 1912, Öl auf Leinwand.

und die der junge Pablo eifrig zu kopieren suchte. Doch dies ist nicht nur ein bedeutendes Werk des Kubismus oder eine Abrechnung mit seinem Vater – es ist auch das anekdotische Abbild der neuen Existenz des Malers. Denn Taube mit grünen Erbsen gehört von nun an zu den Gerichten, die an Picassos Tafel Einzug halten – und es ist eine elegante Tafel fürwahr, umgeben von echten Chippendale-Stühlen, die ihm aus Barcelona geschickt werden, um seinen Einzug in eine schöne Wohnung am Boulevard de Clichy im September 1909 zu feiern.

Doch trotz des Mobiliars aus Mahagoni, des Flügels und des Dienstmädchens mit weißer Schürze, bleibt Picassos Arbeitsraum chaotisch wie eh und je. Es ist absolut verboten, hier aufzuräumen, weil er fürchtet, daß sich der aufgewirbelte Staub auf die noch feuchten Bilder setzen könnte. Also häufen sich die Staubflusen auf den Negermasken und den primitiven Statuen, auf den Flaschen und den Musikinstrumenten, die der Künstler sammelt und deren Formen er ständig in seinen Werken zerlegt. Nur die treue Hündin Frika und eine kleine Meerkatze namens Monina dürfen nach Belieben im Atelier ein und aus gehen. Monina ist die Favoritin des Malers: sie stibitzt die Früchte, die er für seine Stilleben braucht, raucht seine Zigaretten, nimmt mit ihm die Mahlzeiten ein und terrorisiert die Gäste, die er an den Sonntagnachmittagen zu sich einlädt. Denn Picasso hat jetzt wie alle »schicken« Leute einen *Jour.* »Er wählte den Sonntag, ein unangenehmer Tag für diejenigen, die nicht gezwungen sind, während der Woche zu arbeiten«, schreibt Fernande Olivier. Doch der alte Zauber ist gebrochen. Da mag Max Jacob noch so sehr seine alten Clownerien treiben und mit hochgekrempelter Hose eine laszive Tänzerin imitieren, Arien aus Offenbach singen oder Corneille deklamieren, da mag Fernande noch so charmant Teller voll Gebäck und Petits-Fours herumreichen, man amüsiert sich nicht mehr wie früher »über ein Nichts«.

Auch das Leben Picassos hat sich verändert: er hat eine andere Frau gefunden, die Geliebte des polnischen Malers Louis Marcus, genannt Marcoussis, mit dem Apollinaire befreundet ist. Sie nennt sich Marcelle oder Eva. Nach mehreren Ausweichmanövern nach Südfrankreich, nach Céret, in das Roussillon und nach Sorgues bei Avignon, nach einigen großen Szenen mit Fernande, läßt sich das Paar am Montparnasse am linken Seineufer nieder. Die Jahre auf dem Montmartre sind zu Ende. Der Maler überquert die Seine und läßt die Butte, seine Jugend und die Armut endgültig hinter sich.

A*bsinthglas*, 1914, bemalte Bronze, Sand, perforierter Absinthlöffel.

Die vornehmen Stadtviertel

Polnische Künstler im Café ›La Rotonde‹, 1925.

Das geistige Zentrum der »Männer der Zukunft«

Während sich der Montmartre allmählich von einem Tourismus überfluten läßt, der begierig auf der Suche nach dem einstigen pittoresken Flair ist, wird der Montparnasse zum Dreh- und Angelpunkt des künstlerischen und intellektuellen Lebens von Paris. Alles spielt sich am Schnittpunkt von Boulevard Raspail und Montparnasse ab, zwischen zwei Cafés, die zur Legende werden sollen: ›Le Dôme‹ und ›La Rotonde‹.

Das Dôme bildet die Zufluchtstätte der ›Dômiers‹, einer Gruppe von Deutschen, deren Anführer Wilhelm Uhde ist, jener Dandy, der sich nicht scheute, in die übelbeleumdeten Gassen der Butte vorzudringen, um Picasso zu besuchen. Uhde, der von einem Tag auf den anderen Kunsthändler geworden ist, nachdem er sein Jurastudium aufgegeben hat, macht Picasso einem Kreis von deutschen Sammlern bekannt. Doch wird er gelegentlich verdrängt von einem seiner Landsleute und Stammkunden des ›Dôme‹, Daniel Henry Kahnweiler. Dieser hat im November 1908 in seiner Galerie in der Rue Vignon, die ganz in grauem Samt gehalten ist, die erste kubistische Ausstellung veranstaltet. Wenn Uhde preußisch-steif wirkt, was Picasso mit dem kleinen verkniffenen Mund auf dem berühmten Portrait ironisiert, das er von ihm schuf, so ist Kahnweiler seinerseits ein Paradebeispiel deutscher Tüchtigkeit. Nachdem er Picasso den Klauen der Trödler von der Butte entrissen hat, wird er den internationalen Ruhm des Malers begründen, zu dessen Stütze und Vertrautem er wird.

Gegenüber dem ›Dôme‹, in der ›Rotonde‹, sammeln sich die Russen: die Bolschewiki vor 1917, »die Weißen« danach. Chagall geht selten dorthin, weil er zu arm ist, doch Trotzki zählt zu den Stammkunden. Er ist für seine langen Schmähreden gegen die »bourgeoise« Kunst bekannt (zu der für ihn auch der Kubismus gehört), die leidenschaftliche Diskussionen und manchmal spektakuläre Bekehrungen zur Folge haben, wie etwa die des mexikanischen Malers Diego Rivera. Dieser wird nach der Rückkehr in sein Heimatland Mexiko die Wände von Gebäuden mit gewaltigen Fresken bedecken, die die Kämpfe seines Volkes verherrlichen. Majakowski hat in der ›Rotonde‹ anläßlich eines ihm zu Ehren veranstalteten Banketts einen großen Auftritt und feiert den Ort in entschieden futuristischen Versen: »Das violette Paris, das Paris in Anilinfarben, erhob sich hinter den Fensterscheiben von ›La Rotonde‹.« So

kreuzen sich auf ein paar Quadratmetern städtischen Pflasters innerhalb weniger Jahre die Wege jener Männer, die Apollinaire als »Männer der Zukunft« bezeichnete. Auch er und seine unzertrennlichen Kameraden, Max Jacob und Picasso, gehören dazu. Das Trio unternimmt zuweilen weite Expeditionen zu gastronomischen Zielen, die bei Max Jacob quälende Erinnerungen hinterlassen haben: »Polenta! Ich verabscheue die italienische oder spanische Küche, dreißig Jahre lang bin ich meinen Freunden Apollinaire und Picasso in alle miesen Eßlokale von Paris gefolgt und habe *malaria gangrenata* de luxe oder *poverellos* gegessen. Allein bei der Vorstellung von *macaronata* dreht sich mir der Magen um. Bei der Einverleibung ein Geruch nach Pech, bei der Ausverleibung nach Patschuli. Ich mußte der Freundschaft um den Preis der *savatellone* Tribut zollen, und man fragte mich nicht nach meinem Geschmack, mich, der ich nur bretonische Crêpes liebe, Bouillon, Rindfleisch und Koteletts von Lämmern, die auf Salzgraswiesen geweidet haben ... Sprich mir nicht von Polenta, oder besser, sprich davon, um mich das Glück schätzen zu lassen, die Gemüse des Pot-au-feu und die Rinderzunge mit Senfsauce essen zu dürfen.«

Im Herbst 1913 ziehen der Maler und seine Gefährtin – mit einer Ladung von alten vergilbten Zeitungen, Tapetenfetzen, Eisendrähten und Holzstücken, die Picasso für seine neuen künstlerischen Techniken verwendet – in ein neues geräumiges Wohnatelier in der Rue Schoelcher. Parallel zu den Collagen aus dieser Schaffensperiode entsteht eine Reihe von Konstruktionsskulpturen auf der Basis von Holz, Karton und Papier, unter denen *Le Violon* eine der erstaunlichsten ist. Häufig läßt sich in diesen Arbeiten ein Realitätsbezug anhand von eßbaren Elementen herstellen: etwa die Scheibe Wurst und das Stück Brot aus lackiertem Holz in *Casse-croûte* (Brotzeit) oder die auf

Z*wei Stilleben*, Avignon, Herbst 1914, Feder und braune Tusche auf Papier.

Das Speisezimmer des Künstlers, **Montrouge, 1917, Bleistift auf Papier.**

Holz gemalten Weintrauben von *Compotier aux raisins* (Obstschale mit Trauben). Die Nahrungsmittel dienen dem verunsicherten Betrachter als Anhaltspunkt und erleichtern ihm die Aufnahme des Neuen. Das ist bereits die Umsetzung einer »Theorie«, die Picasso erst sehr viel später so formulieren wird: »Will man in der Malerei solche Nahrung verabfolgen, wie sie für die meisten Leute, die nicht die Organe haben, sie zu verdauen, nur schwer zu schlucken ist, dann braucht man eine Art Vorwand. (...) Wie Hegel schon sagt, sehen die Menschen nur das, was sie bereits wissen. Wie geht man also vor, wenn man ihnen etwas Neues beibringen will? Man mischt das, was sie kennen, mit dem, was sie nicht kennen. Wenn sie dann in ihrer Vernebelung vage etwas sehen, das ihnen vertraut ist, denken sie: ›Ah, das kenne ich.‹ Und dann ist es nur noch ein kleiner Schritt, bis sie sagen: ›Ah, das Ganze ist mir ja bekannt.‹ Und ihr Geist stößt vor in das Unbekannte, sie beginnen zu erkennen, was ihnen vorher nicht bekannt war, und entwickeln auf diese Weise ihre Erkenntniskraft.«[9] Weder der Krieg noch Evas Tod am

»Aus dem von den Bühnenbildnern schlecht gemachten Gestell des wiehernden und schmachtend dreinblickenden Pferdes war das Kutschpferd von Fantômas geworden. Als wir und die Maschinisten daraufhin in tolles Gelächter ausbrachen, beschloß Picasso, ihm diese zufällige Gestalt zu belassen.«

Jean Cocteau

Bühnenvorhang für *Parade*, 1917, Leimfarben auf Leinwand.

14. Dezember 1915 unterbrechen seine künstlerische Suche. Mit einem Elan, dem nichts Einhalt gebieten kann, fegt seine Kunst alle Hindernisse beiseite, öffnet sich einen Weg durch das Chaos der Geschichte, die Trauer und den Schmerz.

Im Gefolge des Orpheus

Als Jean Cocteau zum ersten Mal das Atelier in der Rue Schoelcher betrat, »geriet er in Picassos Bann und kam sein Leben lang nicht mehr von ihm los«, so jedenfalls schreibt sein Biograph Francis Steegmuller. Ein riesiger Harlekin, »der beste, den ich je gemacht habe«, wie der Maler an Gertrude Stein schreibt, beherrscht den Raum. Nur die Rauten seines Kostüms heben ihn unter einer Reihe strenger Rechtecke hervor. Ein sardonisches Lächeln schwebt über der Komposition, ein wissendes und verzweifeltes höhnisches Grinsen als Antwort auf den gequälten Gesichtsausdruck des Selbstportraits im ›Lapin agile‹. Cocteau, der Liebling der Pariser Salons, »der frivole Prinz«, wie er sich selbst nennt, steht also dem außergewöhnlichen Harlekin und dessen Schöpfer unmittelbar gegenüber. Das gesellschaftliche Zusammentreffen, von einem Freund, dem Musiker Edgar Varèse, arrangiert, wird zur Offenbarung: »Picasso und ich starrten uns einen langen Augenblick hindurch an. Ich bewunderte seine Intelligenz und hing an jedem seiner Worte, denn er sprach nur wenig; ich sagte gar nichts, um mir ja nichts entgehen zu lassen. So gab es lange Momente des Schweigens, und Varèse verstand nicht, warum wir nur dastanden und uns wortlos anblickten. Beim Sprechen verwendete Picasso eine bildhafte Sprache, und man konnte das, was er sagte, sofort ›sehen‹. Er liebte formelhafte Redewendungen und bediente sich ihrer gern, um sich selbst knapp zu charakterisieren. Auch in seiner Kunst tat er eigentlich nichts anderes, als sich selbst knapp und präzise in den dargestellten Gegenständen zu charakterisieren.«[10]

Jean Cocteau, 1926.

Von diesem denkwürdigen Tag an, der nach den Worten des Dichters »von den Sternen vorbestimmt war«, nutzt Cocteau jeden Urlaubstag von der Front, um in die Rue Schoelcher zu eilen. »Er machte ihm mit Geschenken den Hof«, sagt Max Jacob, der sich ob dieser ebenso plötzlichen wie leidenschaftlichen Vertrautheit gekränkt fühlt. Gleichwohl gehört es für Max zu den größten Freuden, sich mit Pablo in einem Bistro am Montparnasse, etwa dem ›Baty‹, zu treffen, um von Guillaume Apollinaire zu sprechen, der sich an die Front gemeldet hat. Der Wirt, der einst George Sand in Nohan diente, hat aus seinem Restaurant die Kantine der Künstler und Schriftsteller auf Fronturlaub gemacht. Beim *plat-du-jour*, dem Tagesgericht, das an die Stelle des Menus getreten ist, bei *bœuf au gros sel*, *pot-au-feu* oder einem Linsengericht, dem *petit salé aux lentilles* tauscht man von Tisch zu Tisch Nachrichten von der Front aus, befragt einander über das Schicksal eines Freundes und diskutiert das Vorrücken der Truppen. Getröstet durch die gute bodenständige Küche und angeregt vom berühmten *Sancerre* des Patrons, läßt sich Max Jacob zu einigen seiner üblichen Späße hinreißen. Wurde hier 1916 die Idee geboren, zu Ehren des schwer verwundet nach Paris zurückgekehrten Apollinaire ein Bankett zu veranstalten? Die Feier soll im Palais d'Orléans, in der Avenue du Maine 200, an der Métrostation Alésia stattfinden. Man stellt das Menu zusammen, das von Max Jacob mit aller gebotenen Phantasie formuliert wird. Mit seinen auf das Werk Apollinaires bezogenen Wortspielen entzieht er sich einer vordergründigen Übersetzung ins Deutsche:

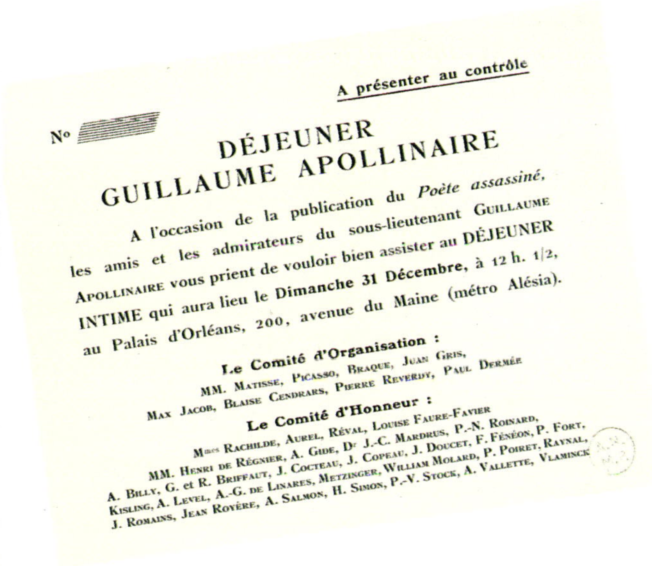

A présenter au contrôle

No

DÉJEUNER
GUILLAUME APOLLINAIRE

A l'occasion de la publication du *Poète assassiné*, les amis et les admirateurs du sous-lieutenant GUILLAUME APOLLINAIRE vous prient de vouloir bien assister au DÉJEUNER INTIME qui aura lieu le **Dimanche 31 Décembre**, à 12 h. 1/2, au Palais d'Orléans, 200, avenue du Maine (métro Alésia).

Le Comité d'Organisation :

MM. MATISSE, PICASSO, BRAQUE, JUAN GRIS, MAX JACOB, BLAISE CENDRARS, PIERRE REVERDY, PAUL DERMÉE

Le Comité d'Honneur :

Mmes RACHILDE, AUREL, RÉVAL, LOUISE FAURE-FAVIER

MM. HENRI DE RÉGNIER, A. GIDE, Dr J.-C. MARDRUS, P.-N. ROINARD, A. BILLY, G. et R. BRIFFAUT, J. COCTEAU, J. COPEAU, J. DOUCET, F. FÉNÉON, P. FORT, KISLING, A. LEVEL, A.-G. DE LINARES, METZINGER, WILLIAM MOLARD, P. POIRET, RAYNAL, J. ROMAINS, JEAN ROYÈRE, A. SALMON, H. SIMON, P.-V. STOCK, A. VALLETTE, VLAMINCK

P*ortrait des verwundeten Guillaume Apollinaire*, 1916, Bleistift.
Platz- und Einlaßkarte für das am 31. Dezember 1916 veranstaltete Bankett zu Ehren von Guillaume Apollinaire, das zu einer regelrechten Schlacht zwischen Anhängern und Gegnern des Kubismus ausarten sollte.

Hors-d'œuvre cubistes,
orphistes, futuristes
Poisson de l'ami Méritarte
Zone de contrefilet à la Croniamental
Arétin de chapon à l'Hérésiarque
Méditations esthétiques en salade
Fromage en cortège d'Orphée
Fruits du festin d'Ésope
Biscuits du Brigadier masqué

Vin blanc de l'Enchanteur
Vin rouge de la Case d'Armons
Champagne des Artilleurs
Café des Soirées de Paris
Alcools

Auf diese Weise wird den 24 Privilegierten, die eine Einladung für den 31. Dezember 1916, den Tag des hl. Sylvester, für punkt 12.30 Uhr erhalten haben, das gesamte Werk des Dichters serviert. Man prügelt sich um den Einlaß, denn die »Vergessenen« sind fest entschlossen, nicht vor der Tür zu bleiben. Der Wein aus Chinon trägt das Seine dazu bei, daß die Sache des Kubismus mit Munition aus Radieschen und Brotkügelchen bald bekämpft, bald unterstützt wird. Eine wahre Schlacht entbrennt. Inmitten des Kreuzfeuers eßbarer Geschosse bleibt Apollinaire gelassen. Er ist in seiner Uniform, um seinen Kopf einen Verband mit einem Cabochon-Schmuck. An seiner Seite sitzen Max Jacob und Picasso. Der Maler betrachtet nachdenklich die Gäste, die einander in Sachen Kubismus bekriegen. Welch einen Sturm hat er doch entfesselt! Es wird mit Sicherheit weder der erste noch der letzte sein.

La dolce vita

Kaum einen Monat nach dem Krawall im ›Palais d'Orléans‹ sorgt Picasso noch einmal für Aufregung am Montparnasse. Cocteau hat ihn zu einem Abenteuer ganz neuer Art überredet: Picasso wird für die ›Ballets Russes‹ unter Leitung des berühmten Diaghilew Bühnenbild und Kostüme zu dessen neuem Ballett ›Parade‹ schaffen.

Unberührt von den Protesten seiner Freunde, die ihn beschuldigen, die Sache der modernen Kunst zu verraten, kommt der Maler am 17. Februar 1917 in Rom an. »Ich logiere im Hôtel de Russie in der Via del Babuino und habe ein Atelier in der Via Margutta, wo ich arbeite«, schreibt er umgehend an Apollinaire.

In der Ewigen Stadt ist bereits der Frühling eingezogen. Die Blumenkörbe stehen dichtgedrängt auf der Spanischen Treppe, an jeder Kreuzung sprudeln die Springbrunnen, die Ruinen des Forums werden von der Last der Glyzinien schier erdrückt; die Küche in den Osterias hinterläßt auf der Zunge den Geschmack des Glücks, nämlich den des »reinen jungfräulichen Olivenöls«. In diesem Öl brät man kleine violette Artischocken, eines der bevorzugten Gemüse der Römer, oder man dünstet darin winzige Zwiebelchen mit Speck und Lorbeerblättern. Im März schickt Picasso an Apollinaire eine auf ein Lorbeerblatt gekritzelte Botschaft. Ein Überbleibsel der »duftenden Bauwerke« der kunstvoll zusammengestellten Mahlzeiten in den kleinen und niedrigen Lokalen, die mit Schinken und dickbauchigen Korbflaschen dekoriert sind. »Und die Tafel schmückt sich für das Fest mit Blumen und Früchten und Krabben und Paprikaschoten und Tomaten, Gurken, Auberginen und Salaten, grünen und violett schimmernden schwarzen Oliven.« Das Tischtuch und die Servietten füllen sich mit den Zeichnungen, die Picasso in einem Zug ausführt. Unter den Brotkrumen und Weinflecken erscheinen tanzende Pferde unter der arabeskenhaft geschwungenen Peitsche eines Monsieur Loyal im Zylinder. Die schlangenförmige Linie entrollt und windet sich mit unerhörter Schnelligkeit, der Künstler zeichnet mit dem freudigen Schwung, den ihm die Frühlingssonne, die schon reifen Früchte und die Gegenwart Cocteaus, Diaghilews und Strawinskys an seiner Seite vermitteln. Der russische Komponist fasziniert ihn und verdrängt für kurze Zeit sogar Cocteau. Sie entdecken Rom, später Neapel, wo das Russische Ballett auftritt. Sie durchstreifen die Hänge des Vesuvs und die Läden der Trödler, erkunden die Stadt vom Theater San Carlo bis zu den Spelunken am Hafen. Dieser improvisierte Italienaufenthalt ist für Picasso wirklich »le sacre du printemps«. »In Neapel sind alle Frauen schön«, vertraut er dem Freund Guillaume an und fügt hinzu: »Alles ist leicht hier« – die Arbeit und die Liebe. Wie angenehm ist es doch, mit diesen phantasie- und ideenreichen Freunden zu arbeiten! Auf dem Szenenvorhang für ›Parade‹ hat Picasso all die Stunden aufleben lassen, die man in heiterer Runde diskutierend oder zeichnend miteinander verbrachte, ja, er hat sogar den Knauf von Diaghilews Spazierstock festgehalten! Pferd und Akrobat sind geflügelt, ganz wie Picassos Phantasie, und das Zeichen der Sonne schmückt die Kugel eines blauen Ballons, bezeichnendes Symbol für diese so vollkommenen Tage, in denen eine faszinierende Frau auf der Bildfläche erschienen ist. Sie ist eine der Tänzerinnen der Truppe und heißt Olga Koklova.

Portrait *Olgas in einem Sessel*, Montrouge, Herbst 1917, Öl auf Leinwand.

»Eine Jungfrau ohne Tadel!« wird der Maler stolz sagen. Das ist zweifellos richtig, denn Olga stammt als Tochter eines ehemaligen zaristischen Offiziers aus bester Familie. Sie glänzt zwar nicht durch besonderes Talent, doch hat sie eine untadelige Erziehung genossen und ist außergewöhnlich schön, anmutig und zielstrebig. Sie ist so ganz anders als die Frauen, die Picasso bisher gekannt hat. »Aber Vorsicht«, warnt ihn Diaghilew, »Russinnen wollen heiraten!«[11] Und der Maler schreibt im März 1917 an Apollinaire: »Lieblich wäre die Verbindung / des Künstlers mit der Ballerina (...)«

Nach Paris zurückgekehrt, braucht Picasso über ein Jahr Bedenkzeit. Doch schließlich werden er und Olga am 12. Juli 1918 in der russischen Kirche in der Rue Daru getraut. Drei Dichterfreunde sind Trauzeugen: Jean Cocteau für die Braut, Max Jacob und Guillaume Apollinaire für den Bräutigam. Es ist ihr letztes gemeinsames Fest. Vier Monate später wird die Spanische Grippe Apollinaire dahinraffen, und Madame Picasso wartet nicht viel länger, ehe sie Max Jacob, dem sie »schlechte Manieren« vorwirft, die Türe weist.

Kaviar und Petits-Fours

Von dem Tag an, da Olga in Picassos Haus einzieht, beginnt sich das ganze Leben um den Salon und das Speisezimmer zu drehen. Nicht daß die Ballerina eine begnadete Köchin gewesen wäre, dazu sorgt sie sich viel zu sehr um ihre Linie, aber sie besitzt gesellschaftlichen Ehrgeiz. Im Haus in Montrouge, in dem der Maler seit Evas Tod wohnte, wie in ihrer Wohnung in der Rue La Boétie, wohin sie bald umziehen, beginnt Olga zu »empfangen« – freilich keine obskuren Künstler, die auf die eine oder andere Weise an die ärmlichen Anfänge des Meisters erinnern könnten, sondern nur handverlesene Gäste.

Früchtekorb, **1918, Öl auf Malpappe.**

So sieht man in einer Zeichnung Cocteau, Erik Satie und den englischen Kunstkritiker Clive Bell in der Rue La Boétie artig um die Hausherrin gruppiert. Nichts deutet auf eine Anwesenheit Picassos hin. Er betritt diesen makellosen Salon nur als Gast. Der Maler hat fast die gleiche Wohnung in der darüberliegenden Etage gemietet und benutzt sie als Atelier. Seine Staffelei hat er im Salon aufgestellt: »Das Fenster lag zum Süden hin und bot einen herrlichen Blick über die Dächer von Paris. Dazwischen sah man die roten und schwarzen Kamine aufragen, und über allem thronte die schlanke Silhouette des Eiffelturms«, wie Brassaï beschreibt. Picasso läßt die Farben auf das Parkett tropfen und wirft wie im Bateau-Lavoir die Zigarettenkippen einfach auf den Boden. Wenn er aus seinem Atelier »herabsteigt«, dann nur, um inmitten der beeindruckten Gäste zu paradieren oder um sich für eines der zahllosen Diners anzukleiden, zu denen das Paar von nun an ständig geladen ist. Cocteau, der ihn nur noch »Cher Magnifique« nennt, führt sie in die »Große Welt« ein. Der Trubel der wilden Jahre ist auf dem Höhepunkt angekommen.

Vor wie vielen Büffets, die unter Pyramiden von Früchten schier zusammenbrachen und von bunten Canapés überquollen, hat Picasso wohl mit einem Glas Champagner in der Hand gestanden? An wie vielen mit Kristall und Silber überladenen Tafeln hat er zur Rechten einer Gastgeberin gesessen, die den Triumph auskostete, den

In der vornehmen Wohnung in der Rue La Boétie lebten Olga und Pablo Picasso auf großem Fuße, wie diese Rechnungen der besten Lebensmittel-Lieferanten von Paris bezeugen.

Das Speisezimmer in der Rue La Boétie, **Paris, 1918 oder 1919 , Bleistift, mit einem in Tinte geschriebenen Zusatz: »Mein Speisezimmer, R. La Boétie, 1918 oder 19.«**

»Superstar« bei sich zu haben? Mit wie vielen Unbekannten im Smoking hat er ein paar brillante paradoxe Redensarten über die Kunst ausgetauscht, die sogleich die Runde machten, um jedem das angenehme Gefühl zu vermitteln, das Genie gestreift zu haben? Viele Jahre später, als er ein bei einem Maskenball aufgenommenes Photo von sich im Kostüm eines Stierkämpfers betrachtet, lächelt Picasso und sagt nur ein Wort: »Comedia ...«[12]

Comedia nur waren die prunkvollen Abendgesellschaften beim Comte de Beaumont in dessen Stadtpalais in der Rue Duroc, wo die Diener Perücken trugen. Comedia das für einen persischen Prinzen in einem Schloß bei Paris gegebene Fest, bei dem der völlig betrunkene Strawinsky eine Kissenschlacht entfesselte und das den jungen Geliebten Cocteaus, Raymond Radiguet, zu seinem Roman ›Le Bal du comte d'Orgel‹ inspirierte. Comedia schließlich auch das gespielte Glück mit Olga, trotz der Geburt ihres Sohnes Paulo am 4. Februar 1921.

Picasso bekommt keine Luft mehr. Er bricht die von seiner Frau aufgestellten Regeln von Ordnung und Anstand, installiert die riesige elektrische Eisenbahn von Paulo mitten im Salon und empfängt die geladenen Gäste auf allen vieren auf dem Teppich kriechend. Er faßt eine Abneigung gegen das Eßzimmer, die Kulisse so vieler steifer Diners, das ihm nunmehr ebenso luxuriös wie geschmacklos erscheint. Um den immer häufigeren Szenen Olgas zu entkommen, flüchtet er in die »Küche« seines Ateliers, wo er »das schockierende Fest der gefangenen

Küchenutensilien und der des Lesens und Schreibens unkundigen Gemüse« orchestriert. In den Gedichten, die er zur Zeit seines Bruchs mit Olga im Jahr 1935 zu schreiben beginnt, ist die Küche der Ort, wo sich jeder Kummer besänftigt: »solange der Stuhl mir nicht ständig plump vertraulich auf die Schulter klopft, der Küchentisch mich nicht umarmt und die Wärmflasche mich nicht auf die Lippen küßt, (...) die Servietten und Geschirrtücher nicht zu applaudieren beginnen.«

»Der große Hausball der Küchengeräte« wird die harte und skurrile Erwiderung auf all die gesellschaftlichen Empfänge, deren Anziehungspunkt der Maler in diesen Jahren gewesen ist. Er zeigt sich selbst auf dieser gemalten Bühne, »wie er sich respektvoll vor all den Küchengeräten verneigt«, als seien sie die mit Federn geschmückten Gräfinnen und südamerikanischen Millionärinnen, die ihn in den Salons von *Tout* Paris ausgiebig feierten.

»Was wollen Sie«, erklärt Picasso eines Tages einem seiner Biographen. »Olga liebt Tee, Gebäck und Kaviar. Und ich? Ich liebe katalanische Wurst und Bohnen.«[13] Zwischen dem Naturburschen von Horta de Ebro und der kleinen vornehmen russischen Adeligen wird die Scheidung ausgesprochen. Des Kaviars und der *Petits-Fours* überdrüssig, kehrt Picasso zu seinem ursprünglichen Leben zurück.

Die Frau als Frucht (La femme-fruit)

1917 hatte sich Olga nur unter der Bedingung bereit erklärt, ihm für ein Portrait zu sitzen, wenn sie darauf ihr Gesicht wiedererkennen würde. Picasso hatte die Herausforderung angenommen und eines seiner Meisterwerke geschaffen. Zehn Jahre später fällt der untrügliche Blick des Malers auf ein junges blondes, sportliches und gelas-

Picasso um 1928 *(oben)* und Sabartès im Café ›Le Flore‹, von Brassaï 1939 photographiert *(rechts)*.

Stilleben mit Zitronen und Mangos, 1936, Öl auf Leinwand.

sen wirkendes junges Mädchen, das gerade unweit der Galeries Lafayette aus der Métro steigt: Marie-Thérèse Walther. »Er faßte mich am Arm«, erzählt sie später, »und sagte zu mir: ›Ich bin Picasso! Sie und ich, wir werden zusammen große Dinge machen!‹«[14]

Marie-Thérèse ist das genaue Gegenteil von Olga. Sie lebt eine ganz und gar unbürgerliche Liebe im geheimen mit ihm und wird der Familie Picasso in alle Sommerfrischen folgen, ohne jemals den geringsten Verdacht zu erregen. Sie ist sehr sanft und fügt sich den verrücktesten Einfällen ihres Geliebten. Und ein »ähnliches« Gemälde, auf dem sie sich wiedererkennen kann, ist ihr völlig egal.

Auf die Blumen, die sehr dekorativ den Sesselbezug und das Kleid Olgas übersäen, folgt nunmehr eine überquellende Fülle von Früchten. Die sinnlichen Rundungen von Marie-Thérèse inspirieren Picasso zu einer Reihe von Portraits in kühlen und leuchtenden Farben, die gleichzeitig auch Stilleben sind. *Die Lippen der Zitrone, Die Orangen aus Eisendraht, Der Teller voll Feigen und Trauben:* diese Titel der poetischen Fragmente aus dem Jahr 1935 hätten auch die Bilder der vorausgegangenen Jahre tragen können, wie etwa das 1931 gemalte *Große Stilleben mit Tischchen* und die köstliche allegorische Bildfolge mit dem Thema der Liebe des Malers zu seinem Modell, der *femme-fruit.* Die Rundungen der Früchte umranken und umgarnen die mehrfach wiederholten maskulinen Symbole. Weit davon entfernt, Angst ausdrücken zu wollen, ist die Deformation der Körper und Gesichter hier gleichbedeutend mit Erfüllung und triumphierender Freude. Äpfel und Birnen werden zu wohlschmeckenden Kontrapunkten der ruhenden Akte; in *La Lecture* (Die Lektüre) öffnet sich Marie-Thérèses Gesicht wie eine dargebo-

»Er hat unter Mißachtung der
anerkannten Auffassungen von der
objektiven Wirklichkeit
den Kontakt zwischen dem Gegenstand
und dem, der ihn sieht
und der ihn infolgedessen denkt,
wiederhergestellt;
er hat uns auf die denkbar kühnste und
sublimste Weise
die untrennbar miteinander
verbundenen Beweise von der Existenz
des Menschen und der Welt gegeben.«

Paul Éluard

***Stilleben mit Glas*, 3. April 1937,**
Öl auf Malpappe.

PICASSO

tene Frucht. Um seine junge Geliebte und ihre runden, geschwungenen Formen zu feiern, findet Picasso zu Bildern der Fruchtbarkeit, wo die Früchte seltsamen Metamorphosen unterworfen sind, wo die Birnen zu Gitarren werden und die Melonenviertel Scheiben des Sommers.

Am 5. September 1935, einige Monate nachdem Olga endgültig gegangen ist, schenkt sie einem Mädchen, Maya, das Leben. Nach so vielen Jahren im Verborgenen hätte sie nunmehr aus dem Schatten hervortreten können. Doch ihr »wundervoll schrecklicher Liebhaber« gestattet ihr das nicht. Er bringt sie mit ihrer Tochter in einem bezaubernden Anwesen in Le Tremblaysur-Mauldre in der Nähe von Versailles unter. Dort wird er fortan nur zu kurzen Besuchen erscheinen.

In Paris verläßt er immer häufiger das rechte Seineufer, um lange Spaziergänge am anderen Ufer nach Saint Germain-des-Près zu machen. Gefolgt von dem treuen Sabartès, der aus Spanien zurückgekehrt ist, um Pablo fortan treu als Sekretär zu dienen, nimmt Picasso wieder das »Kaffeehausleben« seiner Jugendjahre auf und pendelt zwischen dem ›Café Flore‹ und dem ›Deux-Magots‹ hin und her. Wie es scheint, hat er jedoch eine gewisse Vorliebe für das erstere, wo er sich vor ein rituelles Mineralwasser setzt (das er nie trinkt) und wo er stundenlang über Politik und Poesie diskutiert.

In der Rue des Grands-Augustins

Einige Schritte vom ›Café Flore‹ entfernt, wo er ja nun verkehrt, richtet sich Picasso sein neues Atelier in der Rue des Grands-Augustins ein, mitten im Gewirr der Gassen zwischen dem Boulevard Saint-Germain und der Seine. Er mietet die beiden obersten Etagen eines Stadtpalais aus dem 17. Jahrhundert, dessen Dachgeschoß Jean-Louis Barrault als Probenraum gedient hatte. »Es war übrigens der Schauspieler selbst, der Picasso auf diese ungewöhnlichen freien Räumlichkeiten aufmerksam gemacht hatte, und der Maler war sofort hingerissen. Sie erinnerten ihn an das Bateau-Lavoir, nach dem er sich insgeheim sein Leben lang zurücksehnte, nur waren sie noch weiträumiger. Er konnte sich hier wie im Inneren eines großen Schiffes fühlen mit seinen Verbindungsbrücken, Laderäumen und dem Frachtraum.«[15]

Das Gebäude weist nicht nur eine labyrinthische Dunkelheit auf, die diesem Spiel der Erinnerung Vorschub leistet, es besitzt daneben auch eine gewisse mythische Ausstrahlung, die den Maler begeistert: das alte Gebäude, das vor der Revolution das Palais des Prinzen von Savoyen-Carignan war, wurde von Balzac zum Schauplatz einer Kurzgeschichte gewählt, die den Titel ›Le Chef d'œuvre inconnu‹ (Das unbekannte Meisterwerk) trägt. »Balzacs Beschreibung dieses Hauses und seiner steilen und düsteren Wendeltreppe ist übrigens von frappierender Ähnlichkeit.«[16] Picasso hat also ausgerechnet die Wohnung von Balzacs Helden Frenhofer bezogen, des Malers, der sich das Leben nimmt, weil er sein verzweifeltes Verlangen nach der Perfektion und dem Absoluten auf der Leinwand nicht verwirklichen kann. Picasso jedoch stellt sich der Herausforderung Frenhofers: »Und an dem Schauplatz des ›Unbekannten Meisterwerks‹ malte er ›das wohlbekannte Meisterwerk‹, nämlich *Guernica*.«[17]

Wieder einmal verdunkelt sich der Horizont der Geschichte. In Spanien zwingt Franco durch einen blutigen Bürgerkrieg dem Land den Faschismus auf. Und an einem Sommertag im Jahr 1940 erlebt Picasso, der mit Marie-Thérèse und Maya nach Royan geflüchtet ist, den Einmarsch der deutschen Truppen in der Stadt. Pétain und Hitler haben das Waffenstillstandsabkommen unterzeichnet – Frankreich ist besetzt. Wieder zurück in Paris,

Picasso im Restaurant Lipp, von Brassaï 1939 photographiert *(oben)*.
Zeichnung von Picasso und Unterschrift von Paul Éluard auf der Papierserviette eines Restaurants, 1945 *(linke Seite)*.

Das *Buffet des Restaurants ›Le Catalan‹*, 30. Mai 1945, Öl auf Leinwand. Am Ende der Rue des Grands-Augustins gab es ein Restaurant, das der Wirt zu Ehren des illustren Nachbarn umgetauft hatte und das zum Eßlokal des Malers wurde. Picasso hat wiederholt den braunen Servierwagen mit den barocken Formen dargestellt, der zur Ausstattung des Restaurants gehörte.

zieht der Maler endgültig in die Rue des Grands-Augustins. Er schließt sich dort ein und arbeitet verbissen.

In diesen dunklen Jahren entstehen zornige Stilleben voll von bedrohlichen Messern und »erstickten Schreien von Gabeln und Löffeln«. In der Küche führen die Gegenstände einen infernalischen Hexensabbat auf zum Klang von »Schreien, die in den Kesseln brodeln«, wie er sie in seinem Gedicht von 1937, ›Traum und Lüge Francos‹, beschwört. Es tauchen Totenköpfe auf, die auf einem Lauchbett angerichtet sind oder neben Krügen liegen, die messerscharfe Ecken haben. Die häusliche Armada von Küchengeräten und Nahrungsmitteln baut sich in der Art eines antiken Chors auf, um Wut und Trauer auszudrücken – nicht nur auf der Leinwand, sondern auch auf dem Papier. Um den Hunger und die Angst zu vertreiben, schreibt Picasso 1941 »das erste Theaterstück, dessen handelnde Personen Lebensmittel sind«. »In diesem Stück«, wird Kahnweiler später in seinen ›Entretiens‹ (Gesprächen) sagen, »spürt man, was die Besatzungszeit war. Alles dreht sich immer nur um den Hunger.« Und Raymond Queneau berichtet von diesem Stück, das in einem der härtesten Kriegswinter entstand, wie folgt: »Dienstag, 14. Januar 1941: Es gibt irgendwo in Paris einen Mann, der ein Theaterstück geschrieben hat, und das Stück heißt

›Wie man Wünsche beim Schwanz packt‹, und der Held des Stückes heißt Plumpfuß (...). Dieser Plumpfuß ist Schriftsteller, Dichter, der in einem ›künstlerischen Studio‹ lebt. Verschiedene Personen (neun) umgeben ihn, von denen man aber nur die Füße sieht, sein Freund, genannt die Zwiebel, zum Beispiel, und dieser Plumpfuß ist in La Tarte (die Torte) verliebt.«

Kaum zeigen sich die ersten Sonnenstrahlen, widmet sich Picasso intensiv dem Anbau von Tomaten, die er auf seinem Fensterbrett zieht und die das Alltagsessen etwas aufbessern, besonders wenn ›Le Catalan‹ wegen einer -Polizeirazzia wieder einmal geschlossen ist. Brassaï erinnert sich: »Rue des Grands-Augustins, wir gehen am ›Le Catalan‹ vorbei, Picassos Leib- und Magenrestaurant. Es ist geschlossen. Vor kurzem hat es dort eine Razzia durch Inspektoren des Versorgungsamtes gegeben ... Picasso und einige andere Stammkunden sind in flagranti erwischt worden: sie haben an einem der drei fleischlosen Wochentage gegrilltes Chateaubriand gegessen. Das Restaurant war für einen Monat geschlossen worden und Picasso mußte eine Strafe zahlen.«

In normalen Zeiten ist das kleine Restaurant – das der Wirt zu Ehren des illustren Nachbarn auf den Namen ›Le Catalan‹ umgetauft hat – die Kantine des Malers und seines Kreises. Wie einst im ›Lapine agile‹ fühlt sich Picasso hier zu Hause. »Nirgendwo sonst«, schreibt Brassaï, »kommt seine an Komik und Phantasie so reiche Konversation besser in Schwung als bei Tisch während der Mahlzeiten, im Kreis von Freunden. Dann quillt er förmlich über von boshaften Histörchen, Klatsch, Erinnerungen, Wortspielen, Paradoxa.«

Wenn er nicht spricht, zeichnet Picasso – auf das Tischtuch, auf die Papierservietten. Wein, Senf oder Kaffee (»Damit«, sagt er, »habe ich Gelb, Braun und Schwarz«) werden zu Ingredienzien dieser improvisierten Werke, deren Spontaneität und Verve die Gäste fasziniert. Trotz der Unterhaltung und der Zeichnungen, die er mit seinem in Sauce oder Wein getauchten Finger hinwirft, beteiligt sich Picasso an den Diskussionen, die an den benachbarten Tischen geführt werden, scherzt mit dem Wirt, interessiert sich für unbekannte Gesichter, die er in der Menge der Stammgäste wahrnimmt. Eines Tages im Mai 1943 wird sein Blick von zwei jungen Mädchen am Tisch von Alain Cuny gefesselt, den er gut kennt. Picasso begrüßt den Schauspieler, der ihm seine Begleiterinnen vorstellt. Die eine von ihnen, die einen grünen Turban passend zu ihren Augen trägt, heißt Françoise Gilot.

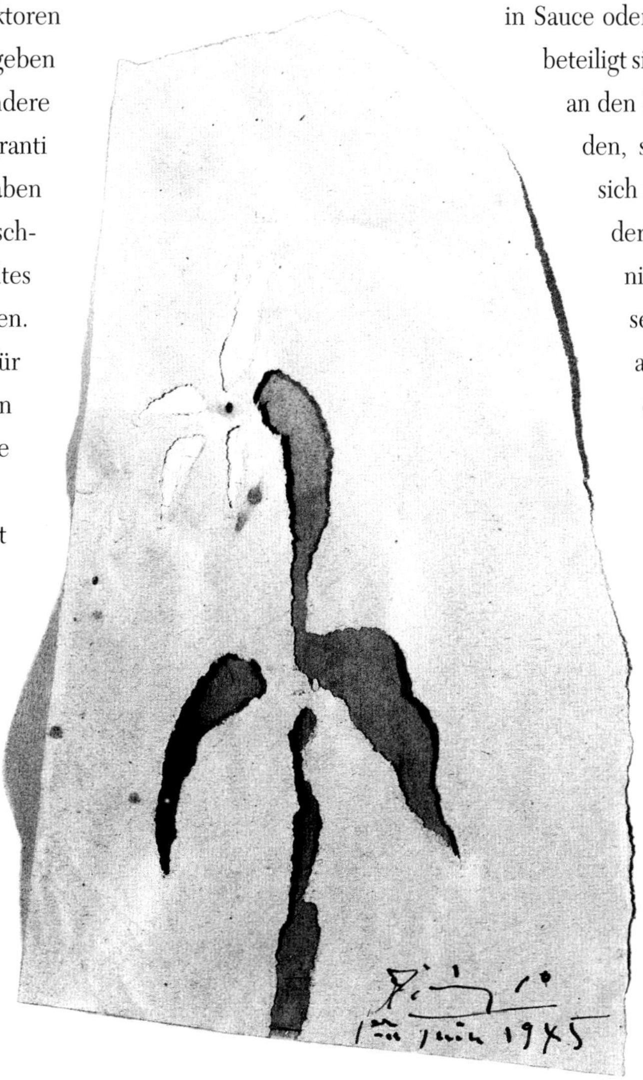

Aus der Serviette eines Restaurants ausgeschnittene Formen, 1945 *(nebenstehend)*. *Stilleben mit Früchten*, 1945, Collage und Kohlezeichnung auf Papier *(folgende Doppelseite)*.

Die Rezepte

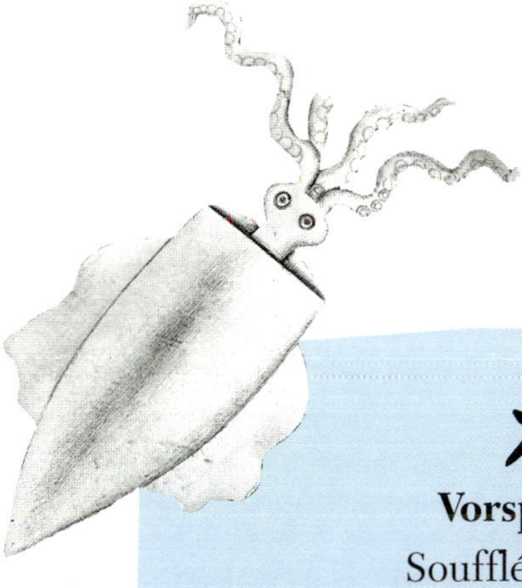

Vorspeisen

Soufflé Hélène
Spanische Tortilla
Speckpfannkuchen
Petersilienschinken ›Berthe‹

Hauptgerichte

Curryhuhn ›Ambroise Vollard‹
Tauben mit grünen Erbsen
›Speckfraß‹ à la Fernande
Valencianischer Reis
Würste mit weißen Bohnen
Gratinierte Makkaroni
Gestreifter Wolfsbarsch ›Alice Toklas‹

Nachspeisen

Schokoladen-Charlotte
Birnen in Rotwein
Windbeutel
Petits-Fours und
gefüllte Trockenfrüchte à la ›Olga‹

Le Soufflé d'Hélène

Soufflé Hélène

FÜR 4 PERSONEN

5 Eier	*25 cl Milch*
1,5 kg frischer Spinat	*40 g geriebener Comté-Käse*
60 g Mehl	*Muskatnuß*
70 g Butter	*Salz und Pfeffer aus der Mühle*

✱ Den Spinat entstielen, waschen und abtropfen lassen. In einen großen Topf mit kochendem Salzwasser geben. Sofort nach dem Aufwallen herausnehmen, abtropfen lassen und mit eiskaltem Wasser abschrecken. Danach mit beiden Händen alles Wasser herauspressen. Den Spinat fein hacken und beiseitestellen.

✱ Den Backofen auf 240° vorheizen. Eigelb und Eiweiß trennen, das Eigelb mit der Gabel schlagen und beiseitestellen. 60 g Butter in einem Topf mit dickem Boden schmelzen lassen. Das Mehl mit einem Holzlöffel unter die Butter rühren, die vorher erwärmte Milch unter ständigem Rühren angießen. Mit Salz, Pfeffer und Muskatnuß schwach würzen. Den geriebenen Käse hinzufügen und alles gut mischen. Diese Mischung nach und nach unter die Eigelbmasse ziehen. Den gehackten Spinat hinzufügen. In das Eiweiß eine Prise Salz geben, zu festem Schnee schlagen und vorsichtig mit einem kleinen Spachtel in kleinen Portionen unter die Masse heben.

✱ Eine Auflaufform mit einem haselnußgroßen Stück Butter einfetten und dann die Soufflémasse einfüllen, wobei die Form nur zu $^3/_4$ gefüllt wird. Für 35 Minuten in den heißen Ofen schieben, während der Garzeit niemals die Ofentüre öffnen. 5 Minuten vor dem Herausnehmen die Temperatur auf 260° erhöhen.

Omelette à l'espagnole

Spanische Tortilla

FÜR 4 PERSONEN

10 Eier	*6 EL Olivenöl*
4 Kartoffeln	*Salz und Pfeffer*
2 Zwiebeln	*aus der Mühle*

✱ Die Kartoffeln schälen, waschen und in runde Scheiben schneiden. Sorgfältig trockentupfen. Die Zwiebeln schälen und senkrecht in dünne Scheiben schneiden. Die Hälfte des Öls bei mittlerer Temperatur in einer großen Pfanne erhitzen und darin die Zwiebeln glasig dünsten. Die Temperatur etwas erhöhen, damit sie Farbe annehmen. Die Kartoffeln hinzufügen und sie unter häufigem Wenden 15 Minuten lang anbraten.
✱ Währenddessen die Eier in eine Schüssel geben und mit einer Gabel schön schaumig schlagen. Die Bratkartoffeln aus der Pfanne nehmen und auf Küchenkrepp abtropfen lassen, dann zu den Eiern in der Schüssel geben. Salzen und pfeffern und alles gut vermischen.
✱ Das restliche Öl in der Pfanne erhitzen und den Inhalt der Schüssel hineinschütten. Bei mittlerem Feuer braten, bis der Boden des Omelettes gestockt und goldbraun ist. Dann die Tortilla wenden und die andere Seite bräunen. Aufpassen, daß das Innere schön weich bleibt. Die Tortilla heiß oder kalt servieren, wobei sie würfelig geschnitten wird.

Crapiaux au lard

Speckpfannkuchen

FÜR 4 PERSONEN

200 g Quark	*250 g frischer Speck*
4 Kartoffeln	*40 g Butter*
3 Eier	*Salz und Pfeffer*
50 g Mehl	*aus der Mühle*

✱ Den Speck in dünne Streifen schneiden und in einem Topf mit siedendem Wasser 40 Minuten lang auf kleiner Flamme blanchieren. In einem anderen Topf die ungeschälten Kartoffeln kochen. Währenddessen den Quark in eine Schüssel geben. Das Mehl einstreuen, nacheinander die Eier unterrühren und alles gut mit der Gabel verquirlen. Die geschälten und zerdrückten Kartoffeln hinzugeben, dann die abgetropften und abgekühlten Speckstreifen. Salzen, pfeffern und alles gut vermischen.
✱ Ein haselnußgroßes Stück Butter in einer beschichteten Pfanne zerlassen, dann 4–6 gehäufte EL dieses Teigs hineingeben. Die Pfannkuchen 3–4 Minuten auf jeder Seite anbraten. Wenn sie goldgelb sind, aus der Pfanne nehmen und auf einem Küchenkrepp abtropfen lassen. So oft wiederholen, bis aller Teig verbraucht ist.

Le jambon persillé de Berthe

Petersilienschinken ›Berthe‹

FÜR 8–10 PERSONEN

2 gepökelte Schweinshaxen
2 Kalbsfüße
3 Karotten
2 Zwiebeln
4 Schalotten
1 Bouquet garni
(3 Thymianzweige
2 Lorbeerblätter
3 Stangen Bleichsellerie
2 Stengel Petersilie
das Grüne einer Stange Lauch)
4 Knoblauchzehen
1 großer Bund glatte Petersilie
1 Flasche trockener Weißwein
2 EL Weißweinessig
20 Pfefferkörner
2 Gewürznelken
Muskatnuß
feines Salz
Pfeffer aus der Mühle

Die beiden gepökelten Schweinshaxen 12 Stunden wässern, um sie zu entsalzen, das Wasser viermal wechseln. Die Karotten, Zwiebeln, Knoblauch und Schalotten schälen. Die Schweinshaxen abtropfen lassen, bevor sie in einen großen Kochtopf gelegt werden. Die Kalbsfüße hinzufügen, ebenso die Karotten, die mit je einer Gewürznelke besteckten Zwiebeln, 3 Knoblauchzehen, die Pfefferkörner in einem Musselinsäckchen, 4 Prisen Muskatnuß, den Weißwein und das Bouquet garni. Mit Wasser bedecken und zugedeckt 3 ½ Stunden kochen lassen.

Während dieser Zeit wird die Petersilienmischung vorbereitet. Die glatte Petersilie waschen und gut abtropfen lassen. Zusammen mit dem restlichen Knoblauch und den Schalotten fein hacken.

Die Schweinshaxen und die Kalbsfüße aus dem Topf nehmen, sobald sie gar sind. Etwas abkühlen lassen und entbeinen. Die Schweinshaxen in große regelmäßige und die Kalbsfüße in dünne Scheiben schneiden und in die Petersilienmischung geben. Die Kochbrühe durchseihen und bei kleiner Flamme 30 Minuten einkochen lassen.

Schweinshaxenscheiben in einer großen Terrine schichtweise auslegen und zwischen jede Schicht die mit einem Schuß Essig beträufelte Petersilienmischung verteilen. Die Brühe angießen, bis alles bedeckt ist. Einen großen Deckel daraufsetzen und mit einem Gewicht beschweren, damit alles gepreßt wird. Vor dem Verzehr eine ganze Nacht in den Kühlschrank stellen.

Le cari d'Ambroise Vollard

Curryhuhn ›Ambroise Vollard‹

FÜR 4 PERSONEN

1 Hähnchen, in 8 Teile zerlegt	*2 Prisen Safranpulver*
4 Tomaten	*2 EL Currypulver*
4 Zwiebeln	*1/2 TL Quatre Épices*
3 Knoblauchzehen	*1/2 TL Kümmelpulver*
2 Äpfel	*1/2 TL gemahlener Ingwer*
10 cl Ananassaft	*1 kleine rote getrocknete Pfefferschote*
3 EL Öl	*Salz und Pfeffer aus der Mühle*

✱ Die Zwiebeln und die Knoblauchzehen in dünne Scheiben schneiden. Die Tomaten und Äpfel entkernen und in Stücke schneiden. Das Öl in einem Schmortopf erhitzen. Die Hähnchenteile darin von allen Seiten anbräunen. Herausnehmen und an ihrer Stelle die Zwiebeln hineingeben und glasig dünsten. Die Hähnchenteile wieder hineingeben und salzen und pfeffern. Mit dem Currypulver, den Quatre Épices, Kümmel, Ingwer und Safran bestreuen. Tomaten, Äpfel, Knoblauch, Pfefferschote und Ananassaft hinzufügen und bei kleiner Flamme 45 Minuten im offenen Topf köcheln lassen.

✱ Gegen Ende der Kochzeit nochmals abschmecken. Die Pfefferschote entfernen, die Hähnchenteile herausnehmen und auf eine vorgewärmte Servierplatte legen. Den Bratenfond mit dem Mixer pürieren und über die Hähnchenteile gießen. Mit kreolischem Reis servieren.

***Taube mit grünen Erbsen*, 1961, Terrine aus Ton und ausgeschnittenes Papier, Assemblage**

(gegenüberliegende Seite)

Pigeons aux petits pois

Tauben mit grünen Erbsen

FÜR 4 PERSONEN

4 bratfertige Tauben
1,3 kg frische Erbsen
2 Karotten
2 Bund Frühlingszwiebel
1 Bouquet garni
(2 Thymianzweige, 1 Lorbeerblatt
2 Stengel Petersilie
2 Stangen Bleichsellerie)
200 g Speckwürfel
6 Blätter Kopfsalat
3 Stück Würfelzucker
2 EL Öl, 30 g Butter
feines Salz
Pfeffer aus der Mühle

✱ Die Karotten schälen und in gleichmäßige Stäbchen schneiden. Die Zwiebeln schälen und unzerteilt lassen. Beides beiseitestellen. Die Erbsen enthülsen und in einem Topf mit Salzwasser 8 Minuten blanchieren. Abtropfen lassen.

✱ Das Öl und die Butter in einem großen Schmortopf erhitzen. Die Tauben 15 bis 20 Minuten rundherum anbraten, dann herausnehmen und das Bratfett wegschütten. Die Tauben wieder in den Topf legen, Erbsen, Karotten, Zwiebeln, Speckwürfel, die in feine Streifen geschnittenen Salatblätter, die Zuckerstücke und das Bouquet garni hinzufügen. Salzen und pfeffern und 3 Glas Wasser angießen. Zugedeckt auf sanfter Flamme 35 Minuten köcheln lassen.

Le rata au lard de Fernande

›Speckfraß‹ à la Fernande

FÜR 4 PERSONEN

800 g frischer Speck	*1 Knoblauchzehen*
200 g weiße Bohnen	*1 Bouquet garni (2 Lorbeerblätter*
1 großer Weißkohl	*4 Thymianzweige*
500 g Karotten	*das Grüne von 2 Lauchstangen*
600 g Kartoffeln	*3 Stangen Bleichsellerie)*
4 Zwiebeln	*Salz und Pfeffer*

* Die Bohnen in einer Schüssel mit kaltem Wasser 12 Stunden lang einweichen. Danach abtropfen lassen. Den Kohl waschen und die äußeren Blätter entfernen. In 8 Teile zerschneiden und den Strunk entfernen. Die Karotten schälen und in dicke Scheiben schneiden. Die Kartoffeln schälen und vierteln. Die Zwiebeln und den Knoblauch schälen.

* Den Speck in einen großen Schmortopf legen, mit kaltem Wasser bedecken und dann zum Kochen bringen. Dabei mehrfach abschäumen. Wenn die Brühe klar ist, die Bohnen und das Bouquet garni hinzufügen. Salzen und pfeffern. Zugedeckt bei schwacher Hitze 1 1/2 Stunden köcheln lassen. Dann den Kohl, die Karotten, Kartoffeln, Zwiebeln und Knoblauch zugeben. Eine weitere Stunde bei mildem Feuer köcheln lassen. Sobald das Gemüse gar ist, nochmals abschmecken und servieren.

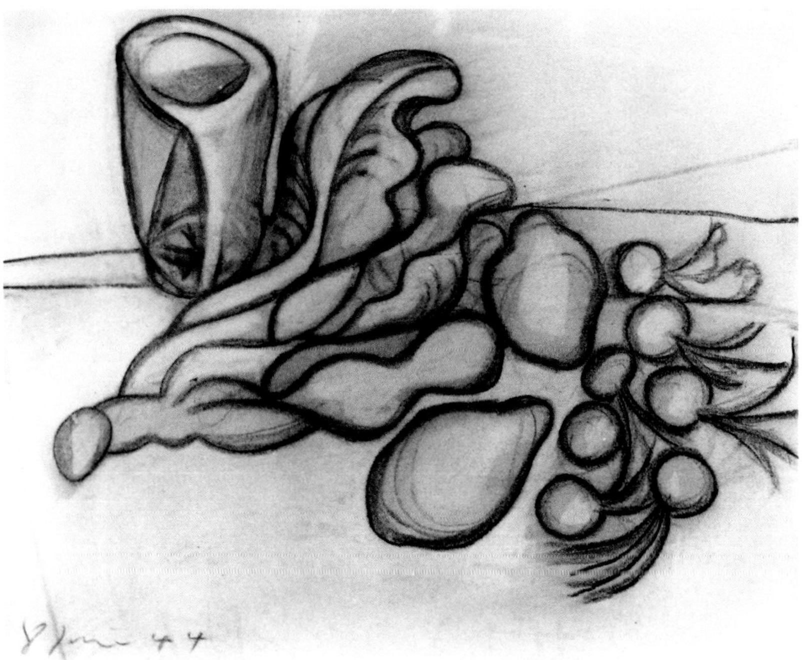

Stilleben, 8. Juni 1944, Kohle auf Papier.

Riz à la valencienne

Valencianischer Reis

FÜR 4 PERSONEN

200 g Rundkornreis
½ l Geflügelbrühe
4 Kaninchenrücken
1 kleines Huhn, in 8 Teile zerlegt
6 EL Olivenöl
2 Würste, in 8 Teile geschnitten
3 Zwiebeln
2 Knoblauchzehen
3 Tomaten
150 g grüne Erbsen
3 Prisen Safranpulver
1 TL mildes Paprikapulver
feines Salz
Pfeffer aus der Mühle

✱ Zwiebeln und Knoblauchzehen schälen und in dünne Scheiben schneiden. Die Tomaten häuten, entkernen und in kleine Stücke schneiden. Die Hälfte des Öls in einem Schmortopf mit dickem Boden oder noch besser in einer Paellapfanne erhitzen. Darin die Hähnchen- und Kaninchenteile sowie die Wurststücke anbraten, dabei ständig wenden, bis sie rundherum angebräunt sind. Dann alle Geflügelteile und Wurststücke herausnehmen. Das Bratfett bis auf einen dünnen Fettfilm am Pfannenboden wegschütten. Die Zwiebeln und den Knoblauch bei schwacher Hitze glasig dünsten. Die Tomaten und das Paprikapulver hinzufügen und bei mittlerer Hitze 10 Minuten einkochen lassen. Die Geflügelstücke und die Wurst dazugeben, ebenso den Reis und den Safran. Salzen und pfeffern und mit der Hälfte der Geflügelbrühe aufgießen. Gut durchmischen und bei starker Hitze zum Kochen bringen. Nach dem Aufwallen die Hitze sofort reduzieren.

✱ Zugedeckt bei sehr schwacher Hitze 10 Minuten köcheln lassen. Den Rest der Geflügelbrühe und die Erbsen hinzufügen. Weitere 10–15 Minuten zugedeckt kochen lassen. Der Reis muß die gesamte Geflügelbrühe absorbiert haben und die Hühner- und Kaninchenteile müssen ganz zart geblieben sein. Eventuell nachwürzen.

✱ Vom Herd nehmen und zugedeckt 5–8 Minuten ruhen lassen. Danach im Schmortopf servieren.

Saucisses aux haricots

Würste mit weißen Bohnen

FÜR 4 PERSONEN

200 g getrocknete weiße Bohnen	*2 Zwiebeln, 2 Thymianzweige*
4 rohe Würste	*2 Lorbeerblätter*
(nach der Art von Toulouse)	*1 Glas trockener Weißwein*
1 EL Schweineschmalz	*2 EL Tomatenmark, Salz und Pfeffer*

✱ Die Bohnen in einer Schüssel mit kaltem Wasser über Nacht einweichen, dann abtropfen lassen. Die Zwiebeln schälen und in dünne Scheiben schneiden. Das Schweineschmalz in einem Schmortopf auslassen und die Zwiebeln hinzugeben. Sobald sie glasig werden, Thymian, Lorbeerblätter, Tomatenmark und Wein hinzufügen. Alles gut umrühren und die Bohnen beigeben. Mit Wasser bedecken, salzen und pfeffern. Zugedeckt bei milder Hitze unter gelegentlichem Umrühren 1 Stunde lang kochen lassen. Die Würste hineingeben und, falls notwendig, etwas Wasser angießen. Bei milder Hitze weitere 1 1/2 Stunden zugedeckt köcheln lassen.

Macaronis en gratinée

Gratinierte Makkaroni

FÜR 4 PERSONEN

300 g dicke Makkaroni	*40 g Butter, Muskatnuß*
80 g geriebener Schnittkäse (z.B. Comté)	*3 EL Semmelbrösel*
80 g geriebener Parmesan	*1 EL grobes Meersalz, 1 EL Öl*
100 g Crème fraîche	*Salz und Pfeffer aus der Mühle*

✱ In einem großen Kochtopf 3 l Wasser mit dem groben Salz und dem Öl zum Kochen bringen und die Makkaroni hineingeben. 8–10 Minuten kochen lassen; sie sollten noch *al dente* sein. Abtropfen lassen und das Wasser abschütten. Die Makkaroni in den Topf zurückgeben, die Crème fraîche und die Hälfte des geriebenen Parmesans darüber verteilen. Mit Salz, Pfeffer und einer guten Prise Muskatnuß würzen. Alles gut vermischen. Den Backofen auf 200° vorheizen. Eine Auflaufform mit Butter ausstreichen und die Hälfte der Makkaroni hineinlegen. Die Hälfte des geriebenen Comté-Käses darüberstreuen, dann die übrigen Makkaroni darüberschichten. Mit dem gesamten Rest des geriebenen Käses bestreuen und einige Butterflöckchen darauf verteilen. Die Semmelbrösel darüber streuen und 20 Minuten lang im Ofen überbacken.

✱ Benedetta Canals, die in Paris nicht immer die geeigneten italienischen Käse für ihre Römischen Makkaroni auftreiben konnte, ersetzte den Parmesan gern auch durch Brie oder Camembert.

Le bar ›rayé‹ d'Alice Toklas

Gestreifter Wolfsbarsch ›Alice Toklas‹

FÜR 4 PERSONEN

1 Wolfsbarsch von 1,5 kg
2 harte Eier
1 Tasse Mayonnaise
1 EL Tomatenmark
20 Stengel Petersilie
20 Stengel Kerbel

FÜR DEN FISCHSUD:
2 l trockener Weißwein
2 Karotten
2 Zwiebeln
2 Gewürznelken
1 kleines Stückchen Macis
(oder etwas Muskatblüte)
10 Pfefferkörner
1 Bouquet garni (6 Stengel Petersilie
2 Estragonzweige
2 Lorbeerblätter
3 Thymianzweige
3 Stangen Bleichsellerie
das Grün einer Stange Lauch)
Salz

✱ Zunächst wird der Fischsud zubereitet. Die Zwiebeln schälen und in jede eine Gewürznelke stecken. Die Karotten schälen und in Scheiben schneiden. Den Weißwein und ebensoviel Wasser in einen Fischkochtopf gießen und das Bouquet garni, die Karotten, Zwiebeln sowie die Muskatblüte und Pfefferkörner (im Musselinsäckchen) in den Sud geben. Salzen und zudecken. Zum Kochen bringen und eine Stunde lang kochen lassen. Den Wolfsbarsch in diesem simmernden Sud pochieren. Der Fisch soll zugedeckt 20 Minuten lang ziehen. Im Sud erkalten lassen. Herausnehmen und sorgfältig abtropfen lassen. Vorsichtig die Haut abziehen und ihn dann auf einer Servierplatte anrichten. Die Kräuter waschen, fein hacken und beiseitestellen.

✱ Das Tomatenmark der Hälfte der Mayonnaise untermischen. Gut vermischen und diese rote Mayonnaise in einen Spritzsack füllen. Kalt stellen. Eiweiß und Eigelb der hartgekochten Eier voneinander trennen. Getrennt in den Mixer geben und beide Pürees beiseitestellen. Den Wolfsbarsch ganz mit einer Schicht Mayonnaise bestreichen. Nun bekommt der Fisch seine Streifen: abwechselnd wird er mit der roten Mayonnaise aus der Spitztüte, der gelben und weißen Eierpaste und dem Grün der Kräutermischung verziert. Gut gekühlt servieren.

Charlotte au chocolat

Schokoladen-Charlotte

FÜR 6–8 PERSONEN

30 Löffelbiskuits
200 g Bitterschokolade
230 g Puderzucker
25 cl Schlagsahne
100 g weiche Butter
1 haselnußgroßes Stück Butter zum Ausfetten der Form
4 Eier, 15 cl Rum

* Die Schokolade in einen Topf zerbröckeln und bei mittlerer Hitze im Wasserbad zum Schmelzen bringen.

* Eiweiß vom Eigelb trennen. Das Eigelb mit 100 g Zucker zu einer hellen Masse schaumig rühren. Die geschmolzene lauwarme Schokolade mit einem Kochlöffel unter diese Masse rühren. Die weiche Butter dazugeben und gut vermischen, um eine homogene Masse zu erhalten. 100 g Zucker in einen Topf mit 4 EL Wasser geben, umrühren, um den Zucker aufzulösen. Bei schwachem Feuer erhitzen, bis Sie einen dicklichen durchsichtigen Sirup erhalten. Erkalten lassen. Das Eiweiß zu steifem Schnee schlagen und unter den Sirup heben. Die Schokoladenmasse portionsweise mit einem Spachtel vorsichtig untermischen. Die Sahne steifschlagen und in die so erhaltene Masse unterheben. Umrühren, bis die Mousse völlig glatt wird.

* Den Boden und die Innenwände einer Charlottenform mit Butter ausstreichen. Den Rum zu gleichen Teilen mit Wasser vermischen und zum restlichen Zucker gießen, zum Kochen bringen und zu einem Sirup eindicken. Erkalten lassen. Die Löffelbiskuits mit diesem Sirup tränken. Den Boden und die Innenwände der Auflaufform dicht mit den Biskuits auslegen. Die Schokoladenmousse einfüllen und mit einer Lage Biskuits zudecken. Das Ganze mit einem Teller beschweren, dessen Durchmesser knapp etwas kleiner ist als die Form. Mit einem Gewicht beschweren und für 12 Stunden in den Kühlschrank stellen, bevor Sie die Speise stürzen. Mit Schlagsahne verziert zu Kaffee oder Schokolade servieren.

Obstschale, Charlotte und Glas, 1924, Öl auf Leinwand.

Rezepte

Poires au vin et aux épices

Birnen in Rotwein

FÜR 4 PERSONEN

8 feste Birnen	*1/2 Glas Crème de Cassis*
(z.B. Williams o.ä.)	*2 Zimtstangen*
100 g Zucker	*2 Vanilleschoten*
1 Zitrone	*2 Gewürznelken*
1 l fruchtiger Rotwein	*1 Sternanis*
(Beaujolais oder Burgunder)	*4 Pfefferkörner*

Den Saft der Zitrone auspressen. Die Birnen im Ganzen schälen, dabei den Stiel nicht entfernen. Durch den Zitronensaft ziehen und beiseitestellen. Den Wein in einen Topf gießen, der groß genug ist, die Birnen aufzunehmen und tief genug, daß die Flüssigkeit sie ganz bedecken kann. Den Cassis angießen, den Zucker, die der Länge nach aufgeschnittenen Vanilleschoten, Zimtstangen, Nelken, Sternanis und Pfefferkörner hinzufügen. Zugedeckt zum Kochen bringen. Dann die Hitze reduzieren und die Birnen hineinstellen. 20 Minuten lang köcheln lassen und, falls sie nicht ganz mit der Flüssigkeit bedeckt sind, nach 10 Minuten umdrehen. In der Flüssigkeit erkalten lassen. Abgetropft in einen tiefen Teller stellen, mit dem Kochsaft übergießen und für 12 Stunden in den Kühlschrank stellen.

Früchte und Stielglas, 1914, Zeichenstift auf Papier.

Choux à la crème

Windbeutel

ERGIBT 16 WINDBEUTEL

50 cl Milch	***FÜR DEN BRANDTEIG:***
40 g gesiebtes Mehl	*125 g gesiebtes Mehl*
6 Eigelb	*75 g Butter*
140 g Zucker	*4 Eier*
10 g Vanillezucker	*1 El Zucker*
30 g Puderzucker	*1 Prise Salz*

✱ Den Backofen auf 240° vorheizen und den Brandteig zubereiten. 25 cl Wasser bei mittlerer Hitze erwärmen. Salz, Zucker und 65 g Butter hinzufügen. Beim ersten Aufwallen vom Feuer nehmen, um das Mehl einzustreuen. Auf den Herd zurückstellen und dabei ständig mit dem Kochlöffel umrühren, damit der Teig trocken wird und sich von den Seiten des Topfes löst. Vom Herd nehmen und ein Ei nach dem anderen einarbeiten, dabei jedesmal einige Sekunden stark rühren. Sobald die Teigmasse homogen ist, sie sofort in den Spritzsack einfüllen. 16 nußgroße Teighäufchen auf ein Backblech spritzen, das mit dem Rest der Butter bestrichen wurde. 15 Minuten backen, dann die Temperatur auf 200° senken und die Windbeutel weitere 15 Minuten im Backofen lassen, ohne ihn zu öffnen. Am Ende der Backzeit die Windbeutel herausnehmen und zum Erkalten beiseitestellen.

✱ Währenddessen wird die Füllung zubereitet. Die Milch mit dem Vanillezucker in einem Topf zum Kochen bringen. Den Zucker und die Eigelb in eine Schüssel geben und cremig rühren, bis die Masse weiß wird. Das Mehl einstreuen und locker unterziehen. Die kochende Milch über diese Mischung gießen und gut verrühren. Diese Creme dann in den Topf zurückgießen und 2–3 Minuten lang bei schwacher Hitze unter ständigem Umrühren köcheln lassen. Sie darf nicht anbrennen. Die Creme in eine Schüssel gießen. Mit etwas Zucker bestreuen oder etwas Butter darauf schmelzen lassen, um zu verhindern, daß sich eine Haut bildet. Erkalten lassen.

✱ Sobald die Windbeutel erkaltet sind, auf einer Seite einschneiden. Die Füllung in einen Spritzbeutel geben und die einzelnen Windbeutel damit füllen. Auf einem Teller anrichten und mit Puderzucker bestäuben.

Les petits-fours et les fruits déguisés d'Olga

Petits-Fours und gefüllte Trockenfrüchte à la ›Olga‹

S*tilleben mit Keksen*, Avignon, Sommer 1914, Bleistift auf Papier.

Dattes et pruneaux déguisés

Gefüllte Datteln und Backpflaumen

ERGIBT 60 GEFÜLLTE FRÜCHTE (ROHKOSTPRALINEN)

30 getrocknete Datteln
30 mittelgroße getrocknete Backpflaumen
500 g Marzipan
Lebensmittelfarben (falls erwünscht)

✱ Datteln und Pflaumen halb aufschneiden, entsteinen und beiseitestellen. Das Marzipan in gleichmäßige kleine Würfel zerteilen und daraus mit den Fingerspitzen Mandeln formen. Eine Marzipanmandel ins Innere jeder Frucht stecken und nicht verschließen. Die Früchte nun in kleine papierene Pralinen-Förmchen setzen.

✱ Um die Früchte farbiger zu gestalten, kann man das Marzipan mit Lebensmittelfarben rosa und grün färben.

Craquelines à la cannelle

Zimtplätzchen

ERGIBT 40 PLÄTZCHEN

250 g gesiebtes Mehl	*5 EL kaltes Wasser*
200 g sehr kalte und in Würfel geschnittene Butter	*1 Prise Salz, 100 g Zucker*
	2 EL gemahlener Zimt

✱ Mehl und Salz in einer Schüssel vermischen, 175 g Butter hinzufügen und mit den Fingern zu einem grobkörnigen Teig verarbeiten. Das Wasser hineingießen und das Ganze rasch zu einer Kugel kneten. In Klarsichtfolie einwickeln und 20 Minuten lang im Kühlschrank ruhen lassen.

✱ Danach den Teig auf einem kühlen, mit Mehl bestäubten Arbeitsplatz zu einem Rechteck von 3–4 mm Dicke ausrollen. Die überstehende Teigmasse mit dem Messer abschneiden. Zucker und Zimt in ein Schraubglas füllen, zum Vermischen gut schütteln und den ausgerollten Teig damit bestäuben. Mit dem Nudelholz darübergehen, um die Mischung anzupressen. Den Teig zu einer festen Rolle zusammenrollen und 20 Minuten lang in den Kühlschrank stellen.

✱ Den Backofen auf 200° vorheizen. Die Teigrolle aus dem Kühlschrank nehmen und sie in 4–5 mm dicke Scheiben schneiden. Das Backblech mit dem Rest der Butter einfetten und die Scheiben darauf verteilen. Im Ofen 10–12 Minuten backen, bis die Zimtplätzchen goldbraun und leicht karamelisiert sind. Auf einem Küchenrost auskühlen lassen.

Craquelines aux framboises

Himbeerplätzchen

EINE VARIANTE DER ZIMTPLÄTZCHEN; ERGIBT 20 PLÄTZCHEN

40 Zimtplätzchen	*200 g frische Himbeeren*
4 EL Himbeerkonfitüre	*50 g Puderzucker*

✱ Die Himbeeren entstielen, aber keinesfalls waschen. Eine dünne Schicht Himbeerkonfitüre auf 20 Zimtplätzchen streichen. Jedes mit einem anderen Zimtplätzchen bedecken und drei Himbeeren daraufsetzen. Leicht mit Puderzucker bestäuben.

Amandines à la crème

Mandelplätzchen

ERGIBT 30 BIS 40 AMANDINES

125 g gemahlene Mandeln
90 g Butter
90 g Puderzucker, 25 cl Sahne
25 g Vanillezucker

* Den Backofen auf 180° vorheizen. Butter und Zucker schaumig rühren. Langsam die gemahlenen Mandeln einarbeiten. Diese Mischung auf kleine Oblaten setzen, auf dem Backblech verteilen und 15 Minuten lang backen. Sobald sie golden sind, herausnehmen und auskühlen lassen.

* Die gut gekühlte Sahne mit Vanillezucker steif schlagen. Die Schlagsahne in eine Spritztüte füllen und die Mandelplätzchen damit verzieren.

Amandines glacées à l'abricot

Glasierte Mandelplätzchen

EINE VARIANTE DER MANDELPLÄTZCHEN; ERGIBT 40 AMANDINES

40 goldbraun gebackene Mandelplätzchen
200 g Aprikosenkonfitüre
1 Zitrone, 40 geschälte Mandeln

* Den Zitronensaft auspressen und mit der Aprikosenkonfitüre in einen Topf mit dickem Boden geben. Bei schwacher Hitze erwärmen, bis die Masse dickflüssig ist. Mit einem Holzlöffel durch ein Sieb streichen. Auf den Herd zurückstellen und bei schwacher Hitze weitere 10 Minuten köcheln lassen.

* Jedes Mandelplätzchen mit diesem Sirup bestreichen und mit einer ganzen Mandel verzieren.

Picasso im Jahr 1966 *(oben)*.

Teller mit Fischen, 1953, bemalte Fayence *(gegenüberliegende Seite)*.

Der Midi

Paris, 1948. In der Küche der Rue des Grands-Augustins fallen drei ocker- und safranfarben glasierte Teller

ins Auge. Wie sie leuchten! Es sind die Farben Spaniens. Die Farbe der »Gazpacho-Suppe der Corrida«, die Farbe der »Sonne, in der die Sardellen braten«, das Leuchten der Tomaten und Paprikaschoten. Ringsherum der weiße Würfel des Küchenraums, streng, funktional, fast leer. Das einzige Lebendige: das Gurren der Turteltauben in ihren Käfigen. »Daraus werde ich ein Bild machen – das heißt, aus nichts« sagt Pablo zu Françoise Gilot. Er skizziert ein Netz von schwarzen Konstruktionslinien, die diesen nackten Raum in die Fläche umsetzen, und durchbohrt ihn mit ein paar konzentrisch kreisenden Linien, die wie Zielscheiben aussehen: die Teller. Dazu drei Vögel, um die Abstraktion zu durchbrechen. Doch kann sich überhaupt eine von Picasso gemalte Küche auf eine graue Bildoberfläche und schwarze Linien – mit anderen Worten: auf »nichts« beschränken? Wer um die Bedeutung der Küche im Hauswesen und in der Phantasie des Malers weiß, zweifelt zu Recht daran. Tatsächlich lassen sich unter dem Liniengitter dieser strengen Geometrie verschiedene Bilder entziffern, in denen sich die Epochen vermischen und die aus dieser Leinwand einen Lebens-Rebus machen.

Dieses Grau – es ist das Überbleibsel aus den schwarzen Kriegsjahren, die er überwiegend in der Rue des Augustins verbracht hatte. Es ist die noch fortwirkende Erinnerung an das Gefühl des »Erstickens«, mit dem der vierte Akt des Stücks ›Wie man Wünsche beim Schwanz packt‹ endet, »wenn man sieht, hört und riecht, daß im Souffleurkasten in siedendem Öl Kartoffeln gebraten werden und der Frittendunst den Saal zunehmend füllt, bis man völlig erstickt ist«.

Die Vögel stammen aus noch weiter zurückliegender Zeit. Sie durchziehen das gesamte Werk: von den kindlichen Kopien der Bilder des Vaters bis zur Friedenstaube, die Picasso ein Jahr später, 1949, in den Rang eines Symbols erheben wird.

Und schließlich zeigen diese im Labyrinth der Linien wie Zielscheiben aufgehängten Teller das neue Ziel an, das der Künstler mit seiner Arbeit vor Augen hat: er beschließt, nunmehr einen großen Teil seiner Zeit und Kraft der Töpferkunst zu widmen, die er gerade erst in diesem Jahr in Vallauris entdeckt hat. Dieser Drang, nach der »erstickenden Abgeschiedenheit« während des Krieges etwas Neues zu tun, treibt ihn im übrigen dazu, Paris zu verlassen und nach Südfrankreich zu gehen.

D*ie Küche*, Paris, 9. November 1948, Öl auf Leinwand *(oben)*. Picasso bei der Hängung eines seiner Gemälde im Musée Grimaldi von Antibes im Jahre 1951, eingefangen von dem Photographen Capa *(rechte Seite)*.

La Galloise in Vallauris: im Mai 1948 brachte Picasso seine Familie in diesem kleinen unkomfortablen Haus unter und war stolz darauf, dort ein Leben von »ostentativer Einfachheit« zu führen, wie Jean Cocteau ironisch bemerkte.
Diese Photos zeigen ihn mit seinem Sohn Paulo, der regelmäßig für ihn den Hispano-Suiza chauffierte *(oben rechts)*; seinem Enkel Pablito (*unten und oben links* im Arm von Françoise); mit seinem Boxerhund Yan *(Mitte)*.

Picasso und Françoise Gilot in La Galloise, 1952 von Doisneau photographiert.

*»Die Kalmare,
wie sie in der Kasserolle
kochen
und in ihrer
feurigen Sauce ziehen.«*
Pablo Picasso

***Stilleben mit zwei Kraken und zwei Tintenfischen*, Oktober 1946, Phthalglycerin-Öl und Kohle auf Leinwand.**

Im gleißenden Licht

Rohe und gekochte Speisen

Kaum ist der Krieg zu Ende, flieht Picasso in den Midi, um wieder Kräfte zu sammeln, um die Angst, die Hungerzeit und die Kälte zu vergessen. Und den Tod, der ihm noch nie so nah gewesen war wie in diesen Jahren und der im Lager von Drancy eines Tages im Jahre 1944 Max Jacob dahingerafft hat.

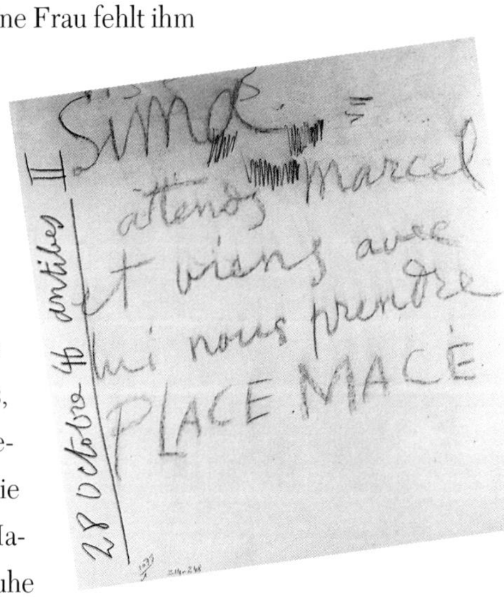

In diesem Sommer 1945 vertreibt das strahlende Licht der Côte d'Azur die Pariser Alpträume. Picasso beginnt sich wie neugeboren zu fühlen. Nur eine Frau fehlt ihm noch zu seinem Glück. Es gelingt ihm aber schließlich, seine neueste Eroberung, Françoise Gilot, dazu zu überreden, zu ihm nach Golfe-Juan zu kommen, wo er ihr ein Haus gemietet hat. Nun beginnt für den Maler eine euphorische Periode, die sich zwischen dem Schloß von Antibes, das ihm als Atelier zur Verfügung gestellt worden ist, und Golfe-Juan, wo die Geliebte wohnt, abspielt. Wenn am Hafen in der Stille der Nachsaison die Ruhe einkehrt, sitzt er dort an einem Tisch und schwelgt in Meeresfrüchten, die schon eine seiner Figuren in ›Wie man Wünsche beim Schwanz packt‹ mit den Worten preist: »Der herbe erotische Geschmack dieser Speisen bringt meine verderbten Sinne und die Lust auf Scharfes und Rohes in Wallung.« Während er Seeigel und Muscheln ausschlürft, weidet Picasso seine Augen an dem Schauspiel, das ihn umgibt. Françoise Gilot erzählt: »In der Nähe des Restaurants ›Chez Marcel‹ in Golfe-Juan, wo wir fast täglich aßen, lag ein winziges Café, das sich auf einheimische Meeresfrüchte spezialisiert hatte. Vor der Tür gab es einen Stand, auf dem sie auslagen, um die Leute zum Kaufen zu verlocken, doch es war Oktober, und fast alle waren abgereist. Die einzige, die von den *frutti di mare* verführt wurde, war die Frau, die das Lokal führte, selbst. Sie war so dick und ihr Café so eng, daß innen kaum Platz genug für sie war, also stand sie draußen und versuchte, für das Geschäft zu werben. Weil fast niemand kam, um bei ihr zu kaufen, griff sie den ganzen Tag selber zu. Sie war etwa eineinhalb Meter groß, sehr gedrungen und so lang wie breit, (...), mit einem der grobschlächtigsten Gesichter, die man sich vorstellen kann, eingerahmt von einer Masse mahagonirot gefärbter Korkzieherlocken und mit einer komischen kleinen Stupsnase, die unter dem Schirm einer übergroßen Männermütze hervorschaute. Oft, wenn wir zum Essen gingen, sahen wir sie auf und ab gehen, einen Korb voll Seeigel vor sich und ein scharfes, spitzes Messer in der Hand, nach einem verirrten Kunden Ausschau haltend. Weil fast nie jemand kam, der ihr etwas abnahm, griff sie von Zeit zu Zeit in den Korb, öffnete einen der Seeigel und schlürfte den Inhalt mit solcher Gier, daß wir ihr einfach zuschauen mußten, fasziniert von dem Kontrast zwischen ihrem runden, wabbeligen Mund und den stacheligen grünvioletten Seeigeln, die sie ununterbrochen zum Munde führte. Vier der Bilder im Museum von Antibes wurden vom Anblick dieser Frau und von den Seeleuten inspiriert, die im Hafen herumlungerten. Einmal gibt es ein Portrait der Frau selbst, dann eines von einem Seemann, der Seeigel ißt, und zwei Portraits von Seeleuten, der eine dösend, der andere gähnend.«

Am 22. Oktober 1946 findet Picasso beim Stöbern in den Beständen des Schloßmuseums von Antibes, wo er arbeitet, ein Portrait des Generals Vandenberg, eines vergessenen Helden des Ersten Weltkrieges. In dieser Zeit

Der Seeigel-Esser, Antibes, Oktober 1946, Öl und Kohle auf wiederverwendeter Leinwand *(oben)*.
Botschaft an den Photographen Sima *(linke Seite)*, verso der auf Seite 40 gezeigten Zeichnung *Fische*.

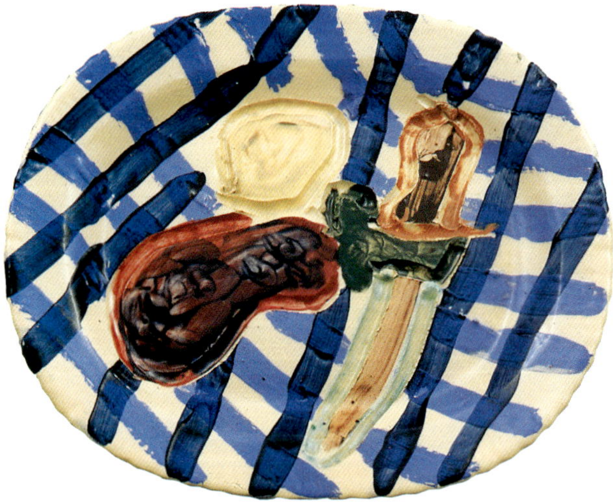

Für Pablo war das Töpfern (...) ein Augenblick intensivsten Glücks, seine Hände bemächtigten sich voll Wollust des feuchten Tons (...), es war ein weit weniger schrecklicher Kampf als die direkte Konfrontation mit der weißen Leinwand.«

Jacqueline Roque

des Mangels sind Farbtuben und Leinwände noch rar. Spontan und ohne Wissen seines Freundes, des Konservators Dor de la Souchère, zeichnet er mit Kadmiumgelb das gebräunte Gesicht seines Matrosen *Le Gobeur d'oursins* über den Hals des Generals. Dann verschwindet die Uniform unter dem Ringelpullover und der hochgekrempelten Hose aus derbem Tuch. So wird das hochoffizielle Portrait mit diesem Abbild gieriger Eßlust in Reinkultur überdeckt. Das Leben in seiner intensivsten und urwüchsigsten Ausdrucksform hat die Oberhand gewonnen. Der in martialischer Pose erstarrte Offizier wird durch den Matrosen ersetzt, der die Sonne genießt und sich an den Seeigeln delektiert, die in dieser Epoche auf Picassos Speisezettel einen bevorzugten Platz einnehmen.

Das Leben des Malers ist, wie dieses Gemälde, ein Palimpsest: Die Szenarien, die Frauen und die Kinder überlagern einander in einer Art ständigen Neubeginns. Am 15. Mai 1947 schenkt ihm Françoise Gilot seinen zweiten Sohn, Claude, und am 19. April 1949 seine zweite Tochter, Paloma. Inzwischen hat Picasso die Wohnung in der Rue des Grands-Augustins verlassen, ohne sie übrigens ganz aufzugeben, bis er schließlich 1967 daraus vertrieben werden sollte. Nicht anders hat er so lange wie möglich das Appartement in der Rue de la Boétie beibehalten, in das er nie mehr zurückkehrte. Doch für den Künstler überlagern sich die Orte, ohne einander jemals vollständig ersetzen zu können. Im Mai 1948 bringt er seine Familie in Vallauris unter, in einem kleinen Haus,

Zwei vom Künstler 1949 bemalte Keramiken: *Teller mit Aubergine* (oben); *Teller mit Melone auf gewürfeltem Grund* (rechts).

Fisch auf einem *Zeitungsblatt*, um 1957, bemalte Keramik und auf die Matrize der kommunistischen Zeitung von Nizza, ›Le Patriote‹, gepreßter Ton.

das den Namen La Galloise trägt. Es liegt unweit der Töpferei Madoura, die seit kurzem Mittelpunkt seines Lebens und Schaffens geworden ist, denn Picasso hat die Keramik entdeckt. Mitten unter den Handwerkern lernt er den Ton zu bearbeiten, ihn zu kneten und zu drehen und dabei seiner schöpferischen Phantasie und seiner geradezu magischen Begabung für die Metamorphose freien Lauf zu lassen.

Diese Fähigkeit zeigt sich schon in einem seiner Gedichte aus dem Jahr 1935, wo »der Teller zur Taube, die Obstschale zum Rebhuhn, der Käse zum Weinblatt und der Löffel zum Degen« wird. Mit einem einzigen leichten Fingerdruck dreht er einer Vase »den Hals um«, um sie in eine Taube zu verwandeln, mit einer Bewegung des Handballens buchtet er die Seiten eines Wasserkruges ein und gestaltet ihn so in einen weiblichen Körper um – wie bei dem *Großen Stilleben mit Tischchen*, das er einst Marie-Thérèse gewidmet hat.

Bald darauf bezieht er ein eigenes Atelier in einer stillgelegten Parfümdestillerie in der Rue du Fournas (fourneau = Backofen) – ein sehr passender Name. Denn Picasso lebt nach dem Rhythmus, in dem die Teller gebrannt werden, die er erfindet und auf denen Fische und Muscheln, Würste und Spiegeleier zu sehen sind. Diese Trompe-l'œil-Spiele sind nicht nur rein dekorativ. »Haben Sie meine Teller gesehen?« fragt er eines Tages Malraux und meint dann: »Sie sind wirklich gut, denn man kann davon essen.« Nichts darf in der Tat diese so geduldig erlernte Kunst von den Dingen trennen, die der Künstler so liebt, daß er sie zum Fressen gern hat.

Picasso in einer Aufnahme von Doisneau aus dem Jahre 1952. Die Bäcker von Vallauris nannten die kleinen, an Wurstfinger erinnernden Brötchen, mit denen der Künstler gern spielte, »Picassos«.

In der Rue du Fournas, fern von den familiären Zwistigkeiten, fühlt sich Picasso wieder wohl. Françoise Gilot berichtet, wie gern er immer wieder die Geschichte von Bernard Palissy erzählte, der seine Möbel verbrannte, um seine Keramiken brennen zu können und daß er stets die enthüllende wenn nicht gar drohende Moral hinzufügte: »Wenn es notwendig gewesen wäre, um das Feuer am Brennen zu erhalten, hätte ich ohne weiteres meine Frau und meine Kinder hineingeworfen.«

Auch dem üblichen Troß der Snobs und Zudringlichen, die ihn normalerweise heimsuchen, meint er hier fern zu sein. Einige geladene Freunde allerdings dürfen sein frugales Dasein in der Rue du Fournas mit ihm teilen, und so schart er wieder eine *tertulia* von engen Freunden um sich, darunter der Maler E. Pignon und dessen Frau, die Schriftstellerin Hélène Parmelin. »Man lebte dort«, so schreibt sie, »ein mönchisches Leben, mit den Eulen, dem Knarren von Dielen, den Grillen, dem eiskalten Wasser aus dem steingehauenen Becken« und »in einer Arbeitsatmosphäre«. Als sich Cocteau bei einem seiner Besuche in Vallauris über »die ostentative Schlichtheit« des »Maître« mokiert, erwidert ihm Picasso hochmütig: »Man muß sich den Luxus leisten können, um ihn verachten zu können.«[1]

In der einige Treppenstufen über seinen Arbeitsräumen gelegenen provenzalischen Küche der »Fabrik«, wie er das Atelier in der Rue du Fournas nennt, feiert er seinen Umzug nach Vallauris durch ein großes Einweihungsfest. Am Kamin ist ein von Pignon gemaltes Spruchband angebracht, das verkündet »Picasso diniert bei Picasso«. Während die Teller noch ganz heiß aus dem Ofen geholt werden, erklingen gesungene Flamencos.

Rituale

Doch trotz soviel exemplarischer Schlichtheit verbreitet sich die »Legende Picasso« rapide, und der Künstler wird zu einer Art lebender Gott, zu einer märchenhaften Verkörperung der modernen Kunst. Schon ist es soweit gekommen, daß die Bäcker von Vallauris ihre Brötchen mit den vier Spitzen, die wie Wurstfinger aussehen, »Picassos« nennen, weil der Maler damit allerlei Späße treibt, indem er sie aus dem Ende seines leeren Ärmels schauen läßt... Diese Spezialität, die man seit Menschengedenken in der Gegend herstellt, wird plötzlich in den Rang eines mythischen Accessoires des »Superstars« erhoben, der es trotz seiner Momente der Zurückgezogenheit in der Rue du Fournas versteht, sich in seinem öffentlichen wie privaten Leben mit Ritualen zu umgeben.

***Teller mit Eiern und einer Wurst*, 1949,**
bemalte Keramik. Picasso dekorierte seine Keramiken häufig mit reliefartig gearbeiteten Stilleben.

Eines dieser Rituale ist das Frühstück. »Jeden Morgen«, erinnert sich Françoise Gilot, »kam zuerst Inès, das Zimmermädchen, mit Pablos Frühstückstablett: *Café au lait* und zwei Stück ungesalzenen Zwiebacks. Ihr folgte Sabartès mit den Zeitungen und der Post. Ich bildete die Nachhut. Pablo fing jedesmal an zu nörgeln, zuallererst darüber, wie sein Frühstück auf dem Tablett angerichtet war. Inès ordnete es jeden Tag ein bißchen anders, um ihm den Gefallen zu tun, knickste und ging wieder hinaus.« Später wird sich Hélène Parmelin an die morgendlichen Unterhaltungen auf der Bettkante erinnern, wo man über Malerei sprach, während man Jagd auf die lästigen Krümel der Honigbrötchen machte. Dieser Augenblick des Tages ist für Picasso so wichtig, daß er im Mai 1962 Braque zu dessen achtzigstem Geburtstag *Le Déjeu-*

Mittagessen bei Pierre Brune, dem Konservator des Museums von Céret.

ner de Braque zum Geschenk macht: eine Tasse Kaffee mit einem Stück Zucker, einem Zwieback und einem Kaffeelöffel auf der Untertasse, das Ganze in Keramik. Wie so viele andere Ereignisse im Leben Picassos, enthüllt das Frühstücksritual gleichzeitig den kapriziösen Egoismus des Haustyrannen wie auch die Tiefgründigkeit des Künstlers, der bestrebt ist, dem Augenblick, an dem täglich alles neu beginnt, sakralen Charakter zu verleihen, ein Neubeginn in einem Licht, das sich mit dem Duft der »Tasse Kaffee vermischt, die in Liebe zu ihrem Aroma entbrannt ist«, schreibt er in einem Gedicht von 1935.

Die gleiche Ambiguität liegt über dem großen – diesmal öffentlichen – Ritual, das im Leben und in der Mythologie Picassos einen wichtigen Platz einnimmt: der Corrida. Von Nîmes über Arles bis Céret durchstreift Picasso den Midi, um an dem Duell zwischen Mensch und Tod teilzunehmen. Er folgt den Toreros auf den Fersen, schwärmt für Luis Miguel Dominguín und bebt mit bei den Heldentaten der Conchita Cintrón. Ihr Kampf gleicht dem seinen, einem Kampf, der ihn vor die weiße Leinwand bannt wie einen Matador in die Mitte der in grelles Sonnenlicht getauchten Arena. Auch der Tod gehört dazu. »Ein Matador«, sagt er, »kann niemals das Kunstwerk sehen, das er gerade schafft. Er kann nur spüren, was er tut und die Reaktion der Menge hören. Wenn er es spürt und weiß, daß es großartig ist, dann packt es ihn so, daß nichts anderes auf der Welt mehr zählt.«[2]

Diese geheime Übereinstimmung zwischen künstlerischer Schöpfung und Corrida bringt »Don Pablo« dazu, mit wahrer Besessenheit an einer ganzen Reihe von Riten festzuhalten. Der Morgen vor der Corrida gehörte »der Besichtigung der Stiere, der Begrüßung der Matadore und dem Fachsimpeln mit dem Mayoral (dem Züchter)«, berichtet Françoise Gilot und fügt hinzu: »Das alles sind typisch spanische Rituale, ohne die ein Stierkampf kein Stierkampf ist; wir mußten deshalb zeitig vor Mittag ankommen, sonst war ihm der ganze Tag verdorben. (...) Und dann gab es noch einen anderen Ritus: eine riesige

Paella-Mahlzeit bei Castel, an der wir mit allen herbeigeeilten Freunden teilzunehmen hatten: Michel Leiris und Georges Bataille (...) und ein halbes Dutzend andere. Jetzt war Pablo in strahlender Laune. Zuletzt sahen wir uns die Stierkämpfe an, und alles war herrlich.«

Picasso ist selig. Jetzt hat er der althergebrachten »typisch spanischen« Zeremonie eine andere hinzugesellt: die Paella. Auch sie ein »typisch spanisches« Gericht, das aber vor allem zutiefst verbunden ist mit seiner unendlich weit zurückliegenden Vergangenheit, den Jahren in Katalonien, in Horta de Ebro und Gósol, den Jahren mit Fernande im Bateau-Lavoir und jenem Bankett zu Ehren des Zöllners Rousseau vor vierzig Jahren. Diese Erinnerungen bleiben allen, die ihn nunmehr umgeben, unerreichbar verschlossen. Nur Sabartès weiß wie er selbst den nach Fiesta, zu der man zwanglos und aufs Geratewohl alle verfügbaren Freunde und Bekannten zusammentrommelt, selbst die zufälligsten. So auch die jungen Mädchen, die gekommen sind, ein Autogramm zu erbitten und die sich an der Tafel des Meisters wiederfinden. Man schlemmt und schwelgt, verkleidet sich als Operettentoreros, klatscht zum Klang der Gitarren in die Hände. Gute Laune ist obligatorisch. Pablo, begeistert, spielt mit allem, was ihm in die Hände kommt: aus den Flaschenverschlüssen entstehen Vögel und aus den Kartoffeln lustige Männchen, die auf Streichholzbeine gestellt und mit den Schminkstiften der vielen schönen Frauen, die sich um Picasso scharen, bemalt werden. Und wenn er schließlich findet, der allgemeinen Verehrung genügend Tribut gezollt zu haben, indem er seine komischen Kreationen und seine Bonmots in die

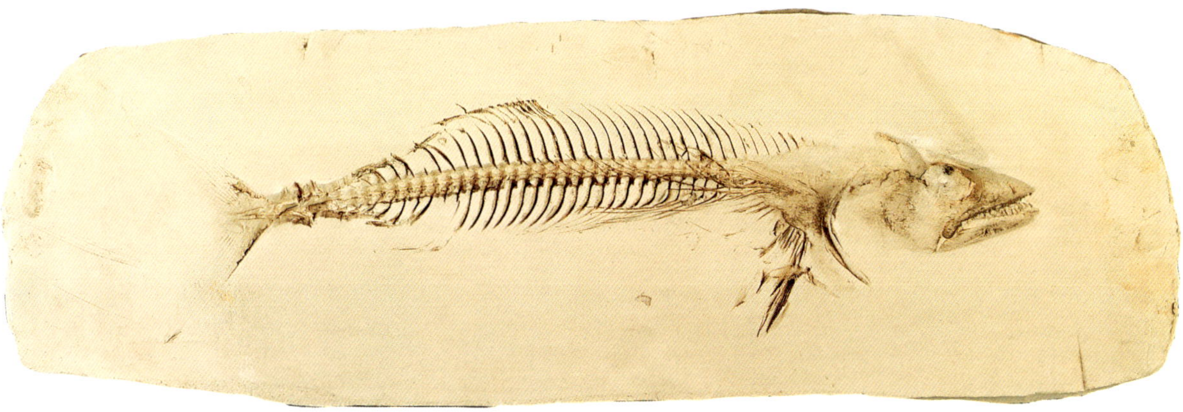

Große Platte *(mit Fischabdruck)*, 1956, Terrakotta, geformt und weiß glasiert.

Safran duftenden Reis zu schätzen, dessen Koch gewissermaßen die Zeit ist.

Einer Gastgeberin, die sich eines Tages bekümmert zeigte, weil er die speziell zu seinen Ehren bereitete Paella auf seinem Teller liegen ließ, und die ihn fragte: »Meister, Sie haben nicht viel gegessen, war es nicht nach Ihrem Geschmack?« antwortete Picasso: »Doch, doch, chère Madame, es war alles da: der Reis, die Langusten, das Huhn, die grünen Bohnen, der Knoblauch, der Safran ...« Und als sie insistierte: »Aber was fehlt denn dann?« sagte er nur ebenso tiefsinnig wie offen: »Der Koch, chère Madame«.[3] Die rituelle Paella ist Anlaß für eine große Runde gestreut hat, erhebt sich Picasso und geht zur Plaza, um die Stiere sterben zu sehen.

Und hier duldet er keine Ablenkung. Pierre Cabanne, einer seiner Biographen, berichtet davon, wie dieser leidenschaftliche Aficionado eines Tages zornig wurde, als ein spanischer Maler namens Dominguez und dessen Frau in seiner Nähe lautstark picknickten. »Pablo wandte seinen Blick brüsk von der Corrida ab. Françoise, angeekelt von dem Geruch der Knoblauchwurst, die ihre störenden Nachbarn gierig verspeisten, war einer Ohnmacht nahe. Prévert schmetterte ›Idioten, Blödiane‹ in die Runde, die in seinen von der genossenen Paella hervorgerufenen Rülp-

Der Midi

»Du der einzige Matador.
In Picasso-Rosa und Gold.
Pablo Ruiz Picasso der Stier.
Und ich: der Picador.«

Dem Stierkämpfer Luis Miguel Dominguín von Rafael Alberti gewidmetes Gedicht.

Picasso versieht die Schürze der Köchin in La Californie im Beisein von Cathy Hutin, der Tochter Jacqueline Roques, mit einer Widmung *(oben)*.
Nachahmung einer Passage des Stierkampfs vor Picassos in Linolschnitt gestaltetem Plakat *Toros en Vallauris* anläßlich der ersten Corrida 1954 *(Mitte)*.
Dem französischem Gesetz zufolge durfte sie nicht zur Tötung des Stieres führen – so war sie vor allem Vorwand für eine große Fiesta zu Ehren des Malers *(unten)*.

Picasso bei einer der zahlreichen improvisierten Fiestas *(oben)* und mit dem Gitarristen Manitas de Plata (*unten*), von Lucien Clergue 1968 in Notre-Dame-de-Vie photographiert.

sern erstickten. Der Meister, dessen Augen schwärzer waren denn je, drehte sich zu seinem Landsmann um und feuerte eine Salve von Beleidigungen in ihrer gemeinsamen Sprache auf ihn ab. Da schnappte sich Dominguez die belegten Brötchen, die Würste und Bierflaschen und warf sie in die Arena. Es folgte ein Moment der Verblüffung. Doch der Maler war Spanier und Picassos Freund..., eine riesige Ovation erhob sich – und der Stierkampf ging weiter. Pablo sollte sogar anerkennen, daß die Geste Stil hatte.« Dieses Picknick-Opfer mitten in der Arena besaß tatsächlich alle Eigenschaften, die Picasso gefallen mußten: das burleske und effektvoll-forsche Auftreten des Protagonisten, den grandiosen Spott, mit dem auch er seine Konversation würzte und der die Inszenierungen der Mahlzeiten unter seinem Vorsitz pfefferte.

Seine ureigenen Corridas, das sind für ihn die Paella-Essen oder die üppigen Diners unter der Pergola eines guten Restaurants oder in den Salons der Schlösser im Hinterland von Cannes. Dort ist er unter dem Dauerbeschuß der Blicke ebenso allein wie der Matador in der Arena. Und es macht ihn ebenso trunken wie diesen, wenn er das Publikum in Atem hält, es mit seinen unerwarteten paradoxen Behauptungen, seinem beißenden Humor, seinen skurrilen Einfällen fesselt. Er ist zugleich Charlot und Dominguín, er läßt die Brötchen am Ende seiner Ärmel tanzen und versteckt gleichzeitig hinter seinem Lachen den Dolch der Ironie, mit dem er in jedem Augenblick zum tödlichen Stoß ausholen kann.

Doch andere, weit grausamere Corridas spielen sich hinter geschlossenen Türen ab – im Kampf mit seinen Bildern und seinen Frauen. Zu Ende des Sommers 1953 verläßt Françoise Gilot zusammen mit ihren Kindern Claude und Paloma La Galloise. »Niemand vor mir hatte ihm je so etwas angetan«, wird sie erzählen. Tatsächlich gefällt er sich darin, immerzu zu wiederholen: »Keine Frau verläßt einen Mann wie mich!« Als daher die junge Frau im folgenden Sommer zurückkehrt, um ihm die Kinder für die Ferien zu bringen, glaubt er, sie zu einer Rücknahme ihrer Entscheidung bewegen zu können, indem er ihrer Eitelkeit schmeichelt und ihre Eifersucht anstachelt. Picasso kann sich einfach nicht vorstellen, daß eine Frau weder eifersüchtig ist noch eitel.

Was wäre besser geeignet, seinen Plan in Szene zu setzen, als eine Corrida? Der Künstler hat soeben einige befreundete Spanier damit beauftragt, die erste Corrida von Vallauris zu organisieren. Er bittet also Françoise, zur Eröffnung des Stierkampfs in die Arena zu reiten. »Du wirst mich verlassen, aber du verdienst, mit kriegerischen Ehren verabschiedet zu werden. Für mich ist der Stier das stolzeste aller Symbole, und dein Symbol ist das Pferd. Ich möchte, daß sich unsere beiden Symbole in diesem Ritual begegnen.« Die junge Frau nimmt die Herausforderung an. Am festgesetzten Tag zieht sie in die Arena ein – unter den Augen von Don Pablo und seiner »neuen Muse«, die an seiner Seite auf dem Ehrenplatz sitzt. Es ist Jacqueline Roque, eine Verkäuferin in der Töpferei Madoura.

Françoise erntet großen Beifall und verliest die Proklamation, die diese Corrida Picasso widmet. Dieser strahlt in der Gewißheit, daß sich die beiden Rivalinnen um ihn streiten werden. Doch jede der Frauen durchkreuzt dieses grausame Spiel auf ihre Art: Jacqueline schluckt ihre Tränen hinunter und Françoise besteigt noch am gleichen Abend den Zug und reist nach Paris.

Stehende Figur, 1958, Bronze.

»Wie gut das Leben ist«

Portrait von Jacqueline, **1957, Collage aus Papier und Bonbonnieren-Schleifen.**

Der Unersättliche von La Californie

Und wieder zieht die Unordnung ein. Vergessen sind die mönchische Strenge in der Rue du Fournas und die räumliche Enge von La Galloise! Picasso, von Cocteau als der »König der Lumpensammler« bezeichnet, regiert fortan in La Californie, einer riesigen Villa aus der Zeit des Fin-de-siècle oberhalb von Cannes. Eine kunterbunte Flut von Leinwänden und Objekten überschwemmt die riesigen Salons, in denen einst die Familie Moët, die früheren Besitzer des Hauses, aufs vornehmste empfingen.

»La Californie«, schreibt Hélène Parmelin, »ist eine Mischung für sich, eine rational improvisierte Anhäufung von Dingen, eine ungeordnete Ordnung, ein Durcheinander, in dem man zu stöbern wissen muß, eine unentwirrbare Mischung von Dingen, die hier am Ende ihrer Reise angekommen sind; sie liegen auf anderen Dingen und wieder andere werden auf sie gelegt, aber man

***T**oritos fritos*, **1957, Graphik. Zur Geburt des Sohnes des Stierzüchters Paco Muñoz widmete ihm Picasso diese großartige Zeichnung von »kleinen fritierten Stieren«.**

weiß immer, wo sie sind. Dieser ›man‹ ist natürlich Picasso.«

Es ist eine abenteuerliche Unordnung, ein Trödelladen gigantischen Ausmaßes: ein Wust von Werken, ein Berg von Fundstücken, von Gerümpel, ein Chaos von Geschenken. Alles ist überall – die Flaschen hinter den primitiven Statuen, die Farben in den Senftöpfen. Die Mandolinen hängen neben den Schinken, die Langusten und der geräucherte Lachs liegen auf dem von Survage geschenkten Marmortischchen, die Salzfäßchen in den spanischen Farben zwischen den Büchern, die Silberteller sind gegen die Polstersessel gelehnt. Die von Picasso ausgeschnittenen großen Köpfe von Stieren und Minotauren halten allerorten in dem unordentlichen Labyrinth Wache, zu dem allein der Künstler den Faden der Ariadne besitzt. Nichts ist an seinem Platz, und doch hat alles seinen Platz, nämlich den, den der Maler ihm mit jener genialen Gabe zur Improvisation zuweist, die ihn einst zu so phantastischen Rezepten inspirierte wie der *Andalusischen Schmalzbrot-Pfanne*, die aus mit Schweineschmalz bestrichenem und in Milchkaffee getauchtem Brot bestand.

Nicht nur die Dinge wirken ständig fehl am Platz, auch die Räume selbst werden zweckentfremdet. Eine Küche im Souterrain wird zur Radierwerkstatt, die Georges Limbour schildert: »Picasso ist unten im Keller, wo es zahlreiche durch Kellerfenster gut erhellte Räume gibt. Er arbeitet in einer ehemaligen Küche: an der Wand stehen vier oder fünf Herde nebeneinander, die im Augenblick als Tisch dienen. Auf einer gemauerten Arbeitsfläche, auf der einst die Köche das Gemüse für russische Suppen hackten, bringt er die Säure auf die Kupferplatten auf.« Aus dieser Küche kommen die »noch druckfeuchten« Radierungen hervor, die zur Illustration eines im 18. Jahrhundert von einem spanischen Torero geschriebenen Buches über die Tauromachie bestimmt sind, oder auch Corrida-Szenen, die er in Arles oder Nîmes gesehen hat. Sie zeigen kleine, ungestüme Stiere, ganz ähnlich denen in einer Tuschzeichnung, die der Maler einmal einem befreundeten Stierzüchter schickte und die auch als seltsame Fritüre in einem Teller auftreten.

Im Kellergeschoß die Gravuren, überall sonst die Malerei und die Skulptur. Picasso schreibt oder zeichnet »umgeben von den Exzessen seiner Phantasie und zwischen Käse und Tomaten sitzend«, wie er selbst sagt, »an diesem von der Malerei bewohnten Ort, an dem sie in der Stille entstand, wo sie ständig wohnte, wo Bilder aller Zeiten und Skulpturen zusammenlebten und einander gegenüberstanden. Aufgrund der Bauweise des Hauses spielte sich das ganze Leben im Atelier ab, das ganze Atelier nahm hautnah am Alltag teil – im Hintergrund auf der Staffelei die Leinwand, an der er gerade arbeitete«.[4]

Drei Jahre lang, von 1955 bis 1958, lebt und arbeitet Picasso in Cannes und feiert seine Geburtstage in Vallauris bei den Töpfern, als hätte ihn eine geheime sehnsüchtige Erinnerung an das Einweihungsfest in der Rue du Fournas nicht losgelassen. 1956 wird bei den Ramiés, den Besitzern der Töpferei Madoura, mit Champagner und einer mehrstöckigen Torte gefeiert. Und 1957, am 25. Oktober – welch ein Bankett! Auf dem Menu: Geflügelpastete in Aspik, Forelle aus der Siagne mit Orange, Perlhuhn aus der Bresse à la crème, junge Buttererbsen, neue Kartoffeln, Käse aus der Provence und eine mehrstöckige Torte, mit Zuckerfiguren verziert, die von Picassos Werk inspiriert sind. Der Maler und sein Werk werden der Neugier und der allgemeinen Freßlust des Volkes dargeboten und von der Begeisterung, die sie auslösen, verschlungen. Und Picasso läßt sich von dieser ungehemmten Völlerei anstecken, geht dieser Lust, die offensichtlich nichts aufzuhalten vermag, voran, gibt seine übliche Frugalität auf und erlegt seiner Umgebung die Launen eines Vielfraßes auf.

»Er hatte«, so berichtet Hélène Parmelin, »die tyrannische Angewohnheit, die Teller seiner Tischnachbarn aufzufüllen. Er wollte, daß den Leuten das gefiel, was ihm gefiel und wollte auch, daß sie aßen, was er mochte. Er gab sich alle erdenkliche Mühe, einen zum Essen zu zwingen und es für gut zu halten oder wenigstens zu sagen, daß man es für gut hielt, was für ihn das allerschönste war. Er zerquetschte Himbeeren auf widerliche Weise in Milch und bestand darauf, ich müsse das herrlich

Picasso im Jahr 1961.

»... und der
wie ein Zahn
jäh aus seinen Träumen
gerissene Maler
findet sich ganz allein
vor der unvollendeten
Leinwand wieder,
und mitten unter den
Scherben seines
zerbrochenen Geschirrs
die beängstigenden
ausgespuckten Kerne
der Realität.«

Jacques Prévert

Picasso und Jacqueline 1955 in La Californie.

ESPAÑA

finden, weil die Russen die Himbeeren nur auf diese Art und Weise äßen, und weil meine Vorfahren … etc. Er füllte meinen Teller mit diesem Gemisch von der Farbe geplatzter Äderchen und war empört, wenn ein gewöhnlicher Sterblicher seine Himbeeren zurückwies, weil es ihn davor ekelte. Er liebte Ingwer leidenschaftlich und aß vor meiner Nase große Mengen davon, wobei er mir mehr als zwanzigmal davon anbot. Wie konnte jemand etwas so Gutes nicht mögen?«

Im Restaurant im Hafen von Toulon, wo er häufig zusammen mit Jacqueline und den Pignons speist, bestellt er sich Kalbskopf, bei dessen Anblick Hélène Parmelin erschauert: »Sie aßen riesige Mengen. Picasso verlangte extra eine leichte Sauce dazu, aber aß schließlich auch noch die andere; sie teilten sich Berge von Knorpeln und Glibberzeug: einfach abscheulich … und währenddessen schaukelten die Boote voller Matrosen, drehten sich die Mädchen im Ringelreihen und die Radarschirme auch. Picasso begann sich zu fragen, ob der Kalbskopf ruhig im Magen liegenbleiben würde oder ob sich nicht, wie er sagte, der ganze Kopf in seinem Magen aufstellen würde … In mir war alles in Aufruhr … mir war schrecklich übel.«

Es schwindelt einen angesichts dieser »Essensberge«, der angehäuften Gegenstände, des unablässigen Besucherstroms. Allmählich läßt die Energie des Malers nach. Wie er selbst zugibt, ist La Californie »überfüllt« mit Objekten, Leinwänden, Menschen.

1958 flüchtet Picasso vor dem alljährlichen Geburtstagsbankett der Töpfer in die Camargue. Im gleichen Jahr kauft er Schloß Vauvenargues.

Das Hinterland

»Ich habe den Sainte-Victoire gekauft«, teilt Picasso stolz Kahnweiler mit. »Welchen denn?« fragt der Kunsthändler zurück, erstaunt darüber, daß eines von Cézannes Landschaftsbildern ohne sein Wissen auf den Markt gelangen konnte. »Den wirklichen«, antwortet Picasso.[5]

Der Maler lebt jetzt mitten in einem Gemälde von Cézanne, in einem Schloß voll von Geheimtreppen, frommen Reliquien in der Kapelle und Eulen in den Türmen – Vauvenargues oder die Rückkehr zu den Quellen. Auf die »Bulimie« von La Californie in Cannes folgt jetzt der Traum vom »natürlichen Leben« im Hinterland von Aix-en-Provence.

Das Licht und die Stille der Landschaft sind erfüllt von würzigem Wildgeruch. In dem kleinen Restaurant in der Nachbarschaft namens ›Chez la Garde‹ entdeckt Picasso die Wachtel- und Frischlingspasteten von einst wieder – nicht zu vergessen das Champignon-Omelette. Es sind fast dieselben Gerichte, die er aus den katalanischen Bergen kennt. Neben den Pasteten und Omelettes wäre noch der Hasenpfeffer nach katalanischer Art zu erwähnen, an dessen Rezept sich Picasso zu erinnern versucht und zu dem Speckwürfel und feingehackte Petersilie mit Knoblauch gehören.

»Köstlich«,[6] schwärmt Picasso und küßt dabei seine zusammengelegten Fingerspitzen, eine Geste, die alle ringsum in Entzücken versetzt. Er freut sich auf das Leben, das vor ihm liegt, und das nur aus Freiheit und Malerei bestehen soll. Doch er kann seiner Legende nicht entfliehen. Nie wieder wird er frei sein können. Der Traum von Vauvenargues wird nicht stattfinden. Schon strömt die Masse der Freunde und Touristen ins Dorf, und die »Corrida« beginnt von neuem. Sie amüsiert indessen den Torero Picasso nicht mehr besonders, der sich in der Suite *Romancero du Picador*, an der er zu arbeiten beginnt, undurchdringlich und traurig darstellt. In Wahrheit produziert er wenig. 1959 nimmt er die Umformung von Manets *Frühstück im Freien* in Angriff, wie er es zwei Jahre zuvor mit den *Las Meninas* von Velázquez getan hatte. Pierre Cabanne zufolge »zerlegte« er regelrecht das Frühstück im Freien, »um daraus seine schöpferische Kraft zu nähren«. Er, der davon träumte, Cézanne an seinen Tisch zu bitten, muß sich damit begnügen, die Meisterwerke, deren Geheimnis sich ihm entzieht, in Stücke zu zerlegen.

1961, einige Monate vor seinem 80. Geburtstag und einige Tage nach seiner Heirat mit Jacqueline Roque, zieht das Ehepaar in ein einsames Bauernhaus oberhalb

Schloß Vauvenargues in einer Aufnahme von Willy Ronis aus dem Jahr 1969.

von Mougins. Der Name ihres Alterssitzes klingt wie eine Herausforderung an »den Feind Krankheit, den Feind Alter, den Feind Kummer«: ›Notre-Dame-de-Vie‹. Pablo verschanzt sich hier, abgeschirmt von der Welt durch das weitläufig terrassierte Gelände voller Olivenbäume und Zypressen rund um das am Hang gelegene Haus, das mehrere Wohnebenen besitzt. Ganz unten befindet sich das Atelier des Bildhauers. Vor den großen Glastüren steht *Der Mann mit dem Schaf* Wache und beschützt den Traum vom endlich gewonnenen Frieden. Einen nach dem anderen mußte man die aufdringlichen Menschen abweisen, die in La Californie in die Räume eingedrungen waren und dem Maler nicht einmal den nötigen Platz für seine Arbeit gelassen hatten. Einige auserlesene enge Freunde, die vertrauten Tiere und die unzähligen Skulpturen sind die einzigen Gäste der letzten Feste bei Picasso.

In Notre-Dame-de-Vie werden die Geburtstage nicht mehr wie einst mit großem Pomp gefeiert. Jacqueline und Pablo zelebrieren lieber das Silvesterfest, dessen alljährliche Wiederkehr die Vollendung eines Jahres markiert, wieder eines Jahres, das den Sorgen und dem Ablauf der Zeit entrissen wurde. Jacqueline versteht sich auf die Kunst, diese Soupers in Szene zu setzen. Der Tisch wird an überraschenden Örtlichkeiten gedeckt: etwa in einem sonst unbewohnten Zimmer, in dem Vitrinen voller kleiner Skulpturen stehen, oder im Atelier im Souterrain, das den Blick auf die Bäume und das stille Volk der Skulpturen freigibt und das durch ein großes Kaminfeuer geheizt wird. Picasso läßt es sich nicht nehmen, die Speisekarten zu zeichnen, auf die er manchmal auch ein Gedicht schreibt, wie etwa das folgende vom 31. Dezember 1966: »O Prinz, leben, leben ist schön! Wenn man versteht, die Gegensätze zu leben ...« Ja, wenn man versteht, den aufgezwungenen Ritualen zu entfliehen und neue zu erfinden für den ganz privaten Gebrauch. Wenn man sich

Ein Grillfest in Mougins 1965 *(oben)*. Die Gäste: Roland Penrose, Michel Leiris, Maurice Jardot, D.H. Kahnweiler *(von links nach rechts)*.
Picasso bei einer seiner letzten Geburtstagsfeiern in Cannes *(rechts)*.

heimlich verheiratet, ohne Pauken und Trompeten, zur Überraschung der ganzen Welt und das Ereignis in der Küche feiert, mit einer Gemüsesuppe und einem Rest kalten Huhns. Und wenn man dann aber allen Reichtum der Phantasie entfaltet, um ein paar Freunde an Silvester zu empfangen. Das Jahr wird wie Phönix unaufhörlich aus seiner Asche wiedergeboren, während die Geburtstage, weit davon entfernt, als fruchtbare Asche zu verwehen, sich häufen und schwer auf den Schultern des Malers lasten.

Nichts ist zu kostbar, um diese Stunden, die nur sterben, um neu geboren zu werden, bei einem Festmahl zu feiern. Hélène Parmelin erzählt: »Wir speisten bei Kerzenlicht auf hohen Stühlen, haben alles betrachtet, alles kommentiert, haben geschwatzt, diskutiert, gefeiert. Wir hatten eine Menge kleiner Skulpturen auf den Tisch gestellt. Picasso schwimmt in Wonne. Er ist unermüdlich.« Ein anderes Mal sind es die Skulpturen im Garten, die sich unter die geladenen Gäste zu mischen scheinen, während der Maler »am Kamin inmitten der wandernden Schatten der Flammen« sitzt.

Es wird einsam um den greisen Künstler. Die Gefährten seiner stürmischen Jugend sind nicht mehr. Selbst den Kontakt zu seinen Kindern meidet er jetzt. Doch in seinem Werk bleibt uns die Summe seines Lebens und seiner Erfahrungen erhalten. Am 8. April 1973 verabschiedet er sich von der Tafel des Lebens und seinen Freunden.

Mittagessen bei Félix in Cannes mit Luis Miguel Dominguín *(rechts)* und seiner Frau, Lucia Bosé *(links)*.

Die Rezepte

Vorspeisen

Rührei mit Seeigel
Hummersuppe
Kräutersuppe

Hauptgerichte

Kalbskopf mit Sauce gribiche
Aalragout ›Jacqueline‹
Seezunge ›La Galloise‹
Gegrillter Kalmar auf Reis in der Tinte
Gebratene Rotbarben an Sardellensauce
›Toro‹-Ragout
Wachteln mit Oliven
Ratatouille

Nachspeisen

Ziegenkäse in Olivenöl
Biskuitrolle
Fruchtschale mit Ingwer
Bratpfirsiche in Honig
Zweifarbiger Kuchen

Vase mit Blattranken und drei Seeigeln,
Antibes, 21. Oktober 1946,
Öl auf Papier, auf Leinwand aufgezogen.

Brouillade en coques d'oursins

Rührei mit Seeigel

FÜR 4 PERSONEN

16 Seeigel
6 ganz frische Eier
2 EL Crème fraîche
12 Zweige Kerbel
feines Meersalz
Pfeffer aus der Mühle

✱ Den Mund des Seeigels mit einem spitzen Messer vorsichtig öffnen, die flache Seite rings um den Mund mit einer Schere aufschneiden und das Seewasser ausgießen. Das orangefarbene Fleisch mit einem kleinen Löffel herausheben. Die 36 schönsten Seeigel-Rogen beiseitestellen und die übrigen fein pürieren. 12 Seeigel-Schalen aufheben, sauber spülen und gut abtropfen lassen. Die Eier in eine Schüssel geben, mit einer Gabel schlagen und nach und nach das Seeigel-Püree und die Hälfte der Crème fraîche einarbeiten. Vorsichtig salzen, da die Seeigel von Natur aus salzig sind. Pfeffern.

✱ Das Ganze in einen Topf schütten und in ein Wasserbad stellen. Bei milder Hitze unter ständigem Umrühren mit einem Holzlöffel köcheln lassen. Sobald die Masse zu stocken beginnt, den Rest der Crème fraîche einrühren. Die Mischung in die vorbereiteten Schalen verteilen. Jeden Seeigel sternförmig mit drei der zurückbehaltenen Seeigel-Corail dekorieren und einen Zweig Kerbel in die Mitte geben.

Homards au bouillon

Hummersuppe

FÜR 4 PERSONEN

4 kleine Hummer von je 350 g	*1/2 Bund Kerbel*
20 g Butter	*3 Stengel frischer Koriander*
2 Karotten	*5 Stengel glatte Petersilie*
1 Lauchstange	*6 Pfefferkörner*
2 Schalotten	*6 Korianderkörner*
1 Bouquet garni (2 Thymianzweige	*1 Prise Sternanis*
1 Stange Bleichsellerie	*1 Stück Orangenschale*
3 Stengel glatte Petersilie)	*1 Prise Cayennepfeffer*
30 cl süßer Weißwein	*grobes Meersalz*
30 cl Hühnerbrühe	*Salz und Pfeffer aus der Mühle*

✱ Die Hummer in kaltem Wasser abspülen und dann 2 Minuten in einem großen Topf mit kochendem Salzwasser blanchieren. In der Zwischenzeit die Karotten waschen und in Würfel schneiden. Den Lauch waschen und in schmale Streifen schneiden. Die Schalotten schälen und fein hacken. Die Pfefferkörner, den Koriander und den Sternanis grob zerstoßen. Alles mit der Orangenschale, dem Cayennepfeffer und dem Bouquet garni in ein Musselinsäckchen füllen.

✱ Die Butter in einem großen Schmortopf schmelzen lassen und die Schalotten, Karotten und den Lauch darin anschwitzen. Mit dem Wein ablöschen. Die Flüssigkeit 6 Minuten lang einkochen und dann 1 l Wasser und die Hühnerbrühe aufgießen. Das Gewürzsäckchen und das Bouquet garni hinzufügen, salzen und pfeffern. Bei kleiner Flamme 45 Minuten köcheln lassen. Nach dem Erkalten die Suppe durch ein Haarsieb passieren. Danach die Flüssigkeit wieder zum Kochen bringen. Abschmecken und eventuell nachwürzen. In der Zwischenzeit alle Kräuter waschen, abtropfen lassen und von den Stengeln abzupfen. 24 Kerbelzweige und 8 Korianderblätter beiseitelegen. Die übrigen fein hacken und sie dann zusammen mit den Hummern in die Suppe geben. 15 Minuten köcheln lassen.

✱ Jeden Hummer in einem tiefen Teller servieren und die Kräutersuppe darübergießen. Die bereitgelegten Kerbelzweige und Korianderblätter über jeden Teller streuen.

Rezepte

Hummer im Korb, 10. Januar 1965, Öl auf Leinwand.

Potage aux herbes

Kräutersuppe

FÜR 6 PERSONEN

2 Bund Radieschen	***1 Eigelb***
1 Bund Sauerampfer	***6 Scheiben gegrilltes Brot***
2 Bund Kerbel	***(nach Belieben)***
2 Knoblauchzehen	***Salz und Pfeffer***
2 EL Olivenöl	***aus der Mühle***

✱ Die Radieschenblätter abschneiden und zusammen mit dem Kerbel und dem Sauerampfer waschen. Abtropfen lassen. Die Radieschen beiseitestellen, um sie später mit Salz roh zu essen. 20 Zweige Kerbel ebenfalls beiseitestellen, die übrigen Kräuter fein hacken, die Knoblauchzehen schälen.

✱ Das Öl in einem Schmortopf bei sehr schwacher Temperatur erhitzen und darin den Knoblauch und dann die Kräuter unter ständigem Umrühren mit einem Holzlöffel andünsten. Mit 2,5 l Wasser auffüllen. Salzen und pfeffern. Bei kleiner Hitze 35 Minuten im offenen Topf köcheln lassen. Danach abschmecken und falls nötig nachwürzen. In einen Mixer geben und pürieren und dann durch ein Haarsieb streichen.

✱ Das Eigelb in der Suppenterrine schlagen, die Suppe darübergießen, ohne mit dem Schlagen aufzuhören. Die Suppe mit den zerzupften Kerbelzweigen bestreuen und mit gegrilltem Brot servieren.

Tête de veau sauce gribiche

Kalbskopf mit Sauce gribiche

FÜR 4 PERSONEN

800 g küchenfertiger und gerollter Kalbskopf
3 Karotten
das Weiße von 3 Lauchstangen
2 mit je einer Gewürznelke besteckte Zwiebeln
1 Bouquet garni (3 Thymianzweige
2 Lorbeerblätter
4 Stengel glatte Petersilie
1 Stange Bleichsellerie)
10 zerstoßene Pfefferkörner
grobes Salz

FÜR DIE SAUCE:
3 Eier
1 TL scharfer Senf
1/2 TL Essig
20 cl Öl
1 Schalotte
1 TL Kapern
1 TL gehackte Cornichons
6 Stengel glatte Petersilie
6 Stengel Kerbel
3 Zweige Estragon
5 Stengel Schnittlauch
Salz und Pfeffer

✱ Die Karotten und die Lauchstangen schälen und waschen. In grobe Stücke schneiden und beiseitestellen.

✱ Den Kalbskopf in einen Schmortopf legen und mit kaltem Wasser bedecken. Zum Kochen bringen und mehrmals abschäumen. Sobald die Brühe klar wird, die Karotten, die Lauchstangen, Zwiebeln, das Bouquet garni und den zerstoßenen Pfeffer in einem Musselinsäckchen dazugeben. Salzen und zugedeckt 2 Stunden köcheln lassen.

✱ Die Sauce gribiche 20 Minuten vor dem Ende der Kochzeit zubereiten: alle Kräuter waschen und abtropfen lassen. Die Estragon-, Kerbel- und Petersilienblätter von den Stengeln zupfen und mit dem Schnittlauch fein hacken. Die Schalotten schälen und fein schneiden. Die Eier 10 Minuten in kochendem Salzwasser hart kochen, und in einer Schüssel mit kaltem Wasser erkalten lassen. Die Eier schälen und Eigelb vom Eiweiß trennen. Das Eiweiß fein hacken und beiseitestellen. Das Eigelb mit einer Gabel in einer Schüssel zerdrücken, Senf und Essig hinzufügen, salzen und pfeffern und alles gut vermischen. Das Öl tröpfchenweise unter ständigem Schlagen unterziehen, bis man eine Sauce von der Konsistenz einer festen Mayonnaise erhält. Die Kapern, Cornichons, das feste Eiweiß, die Schalotten und gehackten Kräuter darunterrühren.

✱ Den Kalbskopf abtropfen lassen, heiß auf einer Servierplatte anrichten und mit der Sauce gribiche servieren.

La matelote de Jacqueline

Aalragout ›Jacqueline‹

FÜR 4 PERSONEN

1,2 kg küchenfertig vorbereiteter Aal, in gleichmäßige Stücke zerteilt
2 EL Olivenöl
2 Karotten
2 weiße Zwiebeln
das Weiße von 2 Lauchstangen
2 Schnitze einer Sellerieknolle
3 Knoblauchzehen
50 cl trockener Weißwein
25 cl Fischsud
3 TL Branntwein
1 Bund Frühlingszwiebeln
150 g geräucherter Brustspeck
100 g Butter
1 kleines Lorbeerblatt
2 Thymianzweige
1 EL Zucker
Salz und Pfeffer aus der Mühle

Das Aalragout, **Dezember 1960, Öl auf Leinwand, trägt auf der Rückseite folgende handschriftliche Widmung: »Hommage an Jacqueline für ein Aalragout, das sie am 3. 12. 60 zum Mittagessen machte; mit diesem Bild schenke ich ihr nur einen Bruchteil der Freude, die ich ihr machen möchte. Picasso.«**

✱ Die Frühlingszwiebeln schälen und bis auf 2 cm das Grün der Stiele abschneiden. In einer Bratpfanne zusammen mit der Butter, dem Zucker, 3 Prisen Salz und ebensoviel Pfeffer 25 Minuten bei schwacher Hitze zugedeckt dünsten. Beiseite stellen. Den geräucherten Brustspeck in dünne Streifen schneiden und diese 15 Minuten in einem Topf mit kochendem Wasser blanchieren. Abtropfen lassen und beiseite stellen.

✱ Die weißen Zwiebeln und die Karotten schälen, die Lauchstangen und die Sellerieschnitze waschen und alles in sehr feine Streifen schneiden. Das Öl in einem Schmortopf erhitzen und darin die Gemüsestreifen andünsten, aber keine Farbe annehmen lassen. Den zerdrückten unschälten Knoblauch dazugeben, umrühren und bei schwacher Hitze 5–6 Minuten dünsten lassen. Die Aalstücke hineinlegen, 5 Minuten darin anbraten und dabei wenden. Den Branntwein darübergießen und flambieren. Mit Salz und Pfeffer würzen. Den Wein und die Fischbrühe angießen, das Lorbeerblatt, den Thymian und die Speckscheiben hinzufügen. Bei schwacher Hitze 10 Minuten köcheln lassen und dabei öfter die Aalstücke wenden. Gegen Ende der Garzeit die Frühlingszwiebeln dazugeben.

✱ In eine tiefe Schüssel gießen. Ist die Kochbrühe zu flüssig, sollte man sie 5 Minuten bei starker Hitze einkochen. Mit Knoblauch-Croûtons servieren.

Soles de La Galloise

Seezunge ›La Galloise‹

FÜR 4 PERSONEN

4 küchenfertige Seezungen zu je 250 g	*30 g gesalzene Butter*
5 EL feingesiebtes Mehl	*100 g geräucherter Brustspeck*
4 TL Traubenkernöl	*2 Prisen frisches Bohnenkraut*
3 kg junge Saubohnen in der Schote	*3 Minzeblätter*
	Salz und Pfeffer aus der Mühle

* Die Bohnen enthülsen, in einen großen Topf mit kochendem Salzwasser werfen und von dem Zeitpunkt des Aufwallens an 30 Sekunden lang blanchieren. Abtropfen lassen und dann sofort in eiskaltes Wasser tauchen, um die dicke grüne Schale außenherum abziehen zu können. Dann die Bohnen wieder in einen Topf mit Salzwasser legen und sie 4–5 Minuten lang gar kochen. Abtropfen lassen und beiseite stellen. Den geräucherten Brustspeck in feine Scheiben schneiden und diese 15 Minuten lang in kochendem Salzwasser blanchieren. Abtropfen lassen.

* Die Seezungen in Mehl wenden und das überschüssige Mehl leicht abklopfen. Das Öl in einer großen beschichteten Pfanne erhitzen und die Seezungen darin bei schwacher Hitze auf jeder Seite 3 Minuten lang braten. In einer anderen Pfanne die Speckstreifen mit etwas Butter 5 Minuten bei schwacher Hitze goldgelb bräunen. Die Saubohnen hinzufügen, ebenso den Rest der Butter und das Bohnenkraut. Salzen und pfeffern und 2 Minuten lang kochen lassen. Gegen Ende der Kochzeit mit den Minzeblättern bestreuen.

* Die Seezungen auf einem Küchenkrepp abtropfen lassen und zusammen mit den Bohnen, dem Speck und der Minze servieren.

***Spanischer Teller mit zwei gestreiften Fischen*, 10. April 1957, bemalte Keramik.**

Calmars grillés sur riz à l'encre

Gegrillter Kalmar auf Reis in der Tinte

FÜR 4 PERSONEN

4 mittelgroße oder 8 kleine Kalmare
200 g Camargue-Reis
1 Zwiebel
20 cl trockener Weißwein
4 EL Olivenöl
40 g Butter
50 cl Geflügelbrühe
Salz und Pfeffer aus der Mühle

FÜR DIE KALMAR-FÜLLUNG:
2 EL Olivenöl
1 Zwiebel
2 Tomaten
2 rote Paprikaschoten
60 g in Milch eingeweichtes altbackenes Brot
2 EL Pinienkerne
2 Knoblauchzehen
10 Stengel glatte Petersilie
Salz und Pfeffer aus der Mühle

✱ Die Köpfe und die Greifarme der Kalmare abschneiden. Die Köpfe und die Eingeweide mit Ausnahme der Tintenbeutel wegwerfen. Den Schulp sowie die violetten Membranen, die ihn umgeben, wegwerfen. Die Greifarme und die Schwimmflossen fein hacken. Die Tinte in ein Gefäß schütten und mit 2 EL Wein vermischen. Beiseitestellen.

✱ Nun die Füllung vorbereiten: Die Tomaten häuten, entkernen und das Fruchtfleisch fein hacken. Zwiebeln und Knoblauchzehen schälen und kleinhacken. Die Petersilie fein hacken. Die Paprikaschoten im Backofen grillen, damit sie sich leicht enthäuten lassen. In dünne Streifen schneiden, 4 schöne Streifen für die Dekoration zurückbehalten und die übrigen würfeln. Die Zwiebel mit der Hälfte des Öls in einer Pfanne glasig dünsten. Die Tentakel, die Schwimmflossen, die Tomaten- und Paprikawürfel, den Knoblauch, die Pinienkerne und die Petersilie dazugeben. Salzen und pfeffern und alles gut umrühren. 10 Minuten bei schwacher Hitze köcheln lassen. Vom Feuer nehmen und das eingeweichte Brot einarbeiten. Die Kalmare mit dieser Farce füllen und mit einem hölzernen Zahnstocher verschließen. Mit dem restlichen Öl bestreichen und 18–20 Minuten lang grillen; in der Hälfte der Zeit wenden.

✱ Währenddessen den Reis in der Tinte vorbereiten. Die Zwiebeln schälen, fein hacken und bei schwacher Hitze in der Hälfte des Öls und der Butter in einem Schmortopf glasig dünsten. Den Reis hineinschütten, einige Minuten anrösten und ihn dabei mit einem Holzlöffel umrühren. Den restlichen Wein angießen. Sobald der Wein verdunstet ist, die Geflügelbrühe in kleinen Portionen unter ständigem Umrühren beigeben. Nach 15 Minuten Kochzeit ist die Brühe absorbiert. Die restliche Butter und das Öl unter den Reis heben, dann die Tinte dazugießen. Vom Herd nehmen, sobald die Flüssigkeit aufgesogen ist. Mit Salz und Pfeffer abschmecken.

✱ Den Reis in der Tinte auf einer Servierplatte anrichten, die gegrillten Kalmare darauflegen und jeden von ihnen mit einem Streifen der roten Paprikaschote verzieren.

Rougets poêlés à la sauce anchois

Gebratene Rotbarben an Sardellensauce

FÜR 4 PERSONEN

4 Rotbarben zu je 200 g
2 EL Olivenöl
10 cl trockener Weißwein
2 Schalotten
100 g Butter
60 g gesalzene Sardellen
25 g Kapern
60 g schwarze Oliven
1/2 Zitrone
Salz und Pfeffer aus der Mühle

Die Sardellenfilets auslösen und 2 Stunden lang in kaltem Wasser entsalzen. Die Schalotten schälen und fein hacken. Die Rotbarben filetieren und die Köpfe und Gräten in 20 g Butter zusammen mit den Schalotten dünsten. Pfeffern, mit dem Weißwein ablöschen und 5 Minuten lang einkochen lassen. Durch ein Haarsieb passieren und diesen Fond im Wasserbad warm halten.

Die Oliven entsteinen und zusammen mit den Kapern, den abgetropften Sardellenfilets und dem Saft der halben Zitrone in den Mixer geben. Zu einer glatten Paste mixen. Diese dann in den Fischfond rühren. Vom Herd nehmen und die restliche Butter unter Schlagen einmontieren. Warm halten.

Das Öl in einer beschichteten Pfanne erhitzen. Bei starkem Feuer werden die Rotbarbenfilets mit der Hautseite nach unten 40 Sekunden lang gebraten. Schnell wenden und wenig würzen.

Je 2 Filets auf jeden Teller geben und mit der Sardellensauce umgeben.

***Teller mit Seezunge und Rotbarbe* (1949), bemalte Keramik *(oben)*.**
Gegrillte Kalmare mit Reis in der Tinte *(vorhergehende Doppelseite)*.

Gardiane de toro

›Toro‹-Ragout

FÜR 6–8 PERSONEN

1,5 kg Schulter vom Stier, in große Würfel geschnitten (ersatzweise ein mageres Schulterstück vom Rind)
250 g Speckstreifen
4 EL Olivenöl
1 kg Tomaten
3 Zwiebeln
4 Karotten
8 Knoblauchzehen
1 Bouquet garni
(4 Thymianzweige
3 Lorbeerblätter
4 Stengel Petersilie
2 Stangen Bleichsellerie)
1 getrocknete Orangenschale von ca. 6 cm Länge
1 Flasche weißer Côte-du-Rhône
2 EL Weißweinessig
2 Gewürznelken
Muskatnuß
Salz und Pfeffer aus der Mühle

✱ Das Fleisch in eine große Schüssel legen. Die Knoblauchzehen schälen und in der Schüssel verteilen. Die Zwiebeln und Karotten schälen, in dünne Scheiben schneiden und über das Fleisch streuen. Das Bouquet garni, die Orangenschale, die Nelken und eine kräftige Prise gemahlenen Muskat hinzufügen. Salzen und pfeffern und mit dem Wein und dem Essig aufgießen. Alles gut miteinander vermengen. Die Schüssel zugedeckt und kühl gestellt eine Nacht lang marinieren lassen.

✱ Danach die Fleischstücke und die Zutaten abtropfen lassen und die Marinade durchseihen. Das Öl in einem großen Schmortopf erhitzen und darin den Speck und danach das Fleisch bei starker Hitze scharf anbraten. Sobald alles Farbe angenommen hat, die restlichen Zutaten hinzufügen und mit der Marinade übergießen. Zugedeckt bei schwacher Hitze 3 Stunden lang schmoren lassen. Gegen Ende der Kochzeit die Tomaten häuten, entkernen und in den Schmortopf geben. Das Ganze nun weitere 30 Minuten schmoren lassen.

✱ Mit Dampfkartoffeln oder Teigwaren servieren.

Cailles aux olives

Wachteln mit Oliven

FÜR 4 PERSONEN

8 Wachteln
8 dünne Scheiben frischer Speck
8 Weinblätter
2 EL Olivenöl
1 walnußgroßes Stück Butter
1/2 Glas Muskatwein aus Beaumes-de-Venise
3 EL Marc de Provence (nach Belieben)
250 g milde schwarze Oliven
Salz und Pfeffer aus der Mühle

* Den Geflügelhändler bitten, die Vögel zu rupfen und auszunehmen.

* Die Vögel innen salzen und pfeffern. Einzeln zuerst mit einem Weinblatt und dann mit einer Speckscheibe umwickeln. Das Öl und die Butter in einem großen Schmortopf erhitzen und die Wachteln von allen Seiten anbraten. Mit dem Marc de Provence ablöschen und flambieren. Den Muskatwein angießen, dann salzen und pfeffern. Zugedeckt im Schmortopf 10 Minuten bei sehr kleiner Flamme köcheln lassen. Die Oliven hinzufügen und das Ganze weitere 10 Minuten schmoren lassen. Eventuell nachwürzen und noch etwas Garzeit zugeben.

* Die Wachteln sehr heiß mit in der Pfanne gebratener Polenta servieren.

Ratatouille

FÜR 4 PERSONEN

4 mittlere Auberginen	*2 Zwiebeln*
1 grüne Paprikaschote	*4 Knoblauchzehen*
eine rote Paprikaschote	*1 Thymianzweig*
5 mittlere Zucchini	*15 cl Olivenöl*
5 Tomaten	*Salz und Pfeffer aus der Mühle*

✱ Die Auberginen schälen, die Zucchini und Paprikaschoten waschen. Die Stiele, die weißen Trennwände und Kerne der Paprikaschoten entfernen. Alle Gemüse in Würfel schneiden. Tomaten häuten, entkernen und das Fruchtfleisch grob hacken. Zwiebeln und Knoblauch schälen und in feine Scheiben schneiden.

✱ 5 EL Öl in einer großen Pfanne bei mittlerer Hitze erwärmen. Die Auberginenstücke hineinlegen und von allen Seiten 10 Minuten goldbraun anbraten, dabei regelmäßig mit einem Holzspatel wenden. Auf einem Teller warmstellen. Nun 3 EL Öl in die Pfanne geben. Die Zwiebeln und die Paprikaschoten bei schwacher Hitze 6–8 Minuten dünsten und dabei die Pfanne mehrmals schütteln. Den Knoblauch und die Zucchini hinzufügen und 10 Minuten lang mitdünsten. Die Tomaten, die beiseite gestellten Auberginen, den Thymian und das restliche Öl dazugeben, salzen und pfeffern.

✱ Zugedeckt weitere 35–45 Minuten auf sehr kleiner Flamme vor sich hinköcheln lassen, bis das Gemüse weich und saftig ist und eine schöne Verbindung miteinander eingegangen ist.

Chèvres à l'huile

Ziegenkäse in Olivenöl

ERGIBT EIN GROSSES GLAS

15–18 frische kleine Ziegenkäse (leicht gereift)	*6 Lorbeerblätter*
1 l fruchtiges Olivenöl	*1 TL Aniskörner*
5 Zweige Bohnenkraut	*2 EL schwarze Pfefferkörner*

✱ Die Käse schichtweise abwechselnd mit dem Bohnenkraut in das große Glas legen. Die Lorbeerblätter, Anis- und Pfefferkörner darauf verteilen. Reichlich mit Olivenöl bedecken.

✱ Vor dem Verzehr lichtgeschützt und kühl 1 Monat marinieren lassen.

Biscuit roulé

Biskuitrolle

FÜR 6–8 PERSONEN

2 Eier
50 g durchgesiebtes Mehl
½ Päckchen Backpulver
50 g Puderzucker
30 g Butter
1 Prise Salz
200 g Himbeergelee

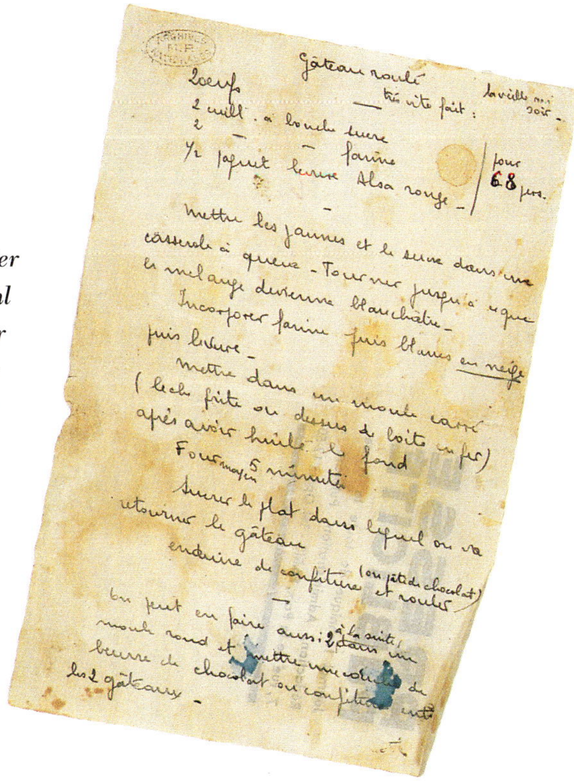
Gâteau roulé — très vite fait :
2 oeufs
2 cuill. à bouche sucre
2 — — farine
½ paquet levure Alsa rouge —
pour 6.8 pers.
Mettre les jaunes et le sucre dans une casserole à queue - Tourner jusqu'à ce que le mélange devienne blanchâtre -
Incorporer farine puis blancs en neige puis beurre -
Mettre dans un moule carré (tôle fine ou dessus de boîte en fer) après avoir huilé le fond
Four moyen 5 minutes
beurrer le plat dans lequel on va retourner le gâteau
enduire de confiture (ou petit chocolat) et rouler
On peut en faire aussi 2 gâteaux dans un moule rond et mettre une couche de beurre de chocolat ou confiture entre les 2 gâteaux -

Rezept für die »schnell gemachte Biskuitrolle«, Fundstück aus dem Picasso-Archiv.

✱ Den Backofen auf 210° vorheizen. Die Butter bei sehr schwacher Hitze schmelzen lassen. Das Mehl und das Backpulver gut miteinander vermischen. Die Eier in zwei große Schalen schlagen und dabei das Eigelb vom Eiweiß trennen. Den Zucker zu den Eigelb geben und zu einer weißlichen Creme schlagen. Das Mehl langsam mit dem Schneebesen oder einer Gabel einarbeiten. Die geschmolzene Butter hinzufügen und alles gut vermischen. Eiweiß mit einer Prise Salz zu einem steifen Schnee schlagen, der vorsichtig unter die Teigmasse gehoben wird. Zu einer homogenen Masse vermischen.

✱ Ein Backblech mit Backpapier auslegen. Den Teig daraufstreichen und unter ständiger Beobachtung 5–8 Minuten im Backofen backen. Der Biskuitteig darf keine Farbe annehmen. Aus dem Ofen nehmen und erkalten lassen.

✱ Mit Himbeergelee bestreichen und eng zu einer Roulade zusammenrollen. In Alufolie einschlagen und in den Kühlschrank legen.

Nage de fruits au gingembre

Fruchtschale mit Ingwer

FÜR 4 PERSONEN

3 gelbe Pfirsiche	*200 g Zucker*
2 Dolden weiße Weintrauben	*5 EL Wasser*
1 kleine Melone	*1/2 Zitrone*
350 g Erdbeeren	*100 g frische Ingwerwurzeln*

✻ Den Ingwer schälen und stifteln. Zucker und Wasser in einem Topf bei mittlerer Hitze zu einem klaren Sirup einkochen lassen. Einige Tropfen Zitronensaft hinzufügen. Den Ingwer 3 Minuten lang in dem Sirup ziehen lassen, dann herausnehmen, abtropfen und erkalten lassen.

✻ Die Pfirsiche 20 Sekunden in einen Topf mit kochendem Wasser tauchen und dann schälen. In zwei Teile zerlegen, um den Kern zu entfernen, dann in dünne gleichmäßige Scheiben schneiden und in eine große Kompottschale legen. Die Trauben waschen, abtropfen lassen, abzupfen und zu den Pfirsichen in die Kompottschale geben. Die Melone halbieren, die Kerne entfernen und mit einem speziellen Rundlöffel aus dem Fruchtfleisch Kugeln herauslösen und in der Kompottschale verteilen. Die Erdbeeren überbrausen, abzupfen, entstielen, in dünne Scheiben schneiden und zu den anderen Früchten geben. Den kalten Sirup und den gestiftelten Ingwer darüber verteilen. Alles miteinander vermischen.

✻ Die Früchte dekorativ auf einem Teller anrichten und bis zum Servieren kühl stellen.

***Stilleben*, 1914, Feder und braune Tusche auf Papier,**
Teil eines aus drei Zeichnungen bestehenden Ensembles
(siehe Seite 92).

Stilleben, **1918, Öl auf Leinwand.**

Pêches rôties au miel

Bratpfirsiche in Honig

FÜR 4 PERSONEN

8 kleine weiße reife und sehr feste Pfirsiche
16 EL Blütenhonig
30 cl trockener fruchtiger Weißwein
8 Thymianblüten
20 g Butter,
8 Blätter Zitronenmelisse

✱ Den Weißwein mit 10 cl Wasser und dem Honig in einem Topf zum Kochen bringen und zu einem Sirup einkochen. Den Backofen auf 180° vorheizen. Die Pfirsiche für einige Sekunden in kochendes Wasser tauchen, um sie leichter schälen zu können. Die geschälten Pfirsiche 15 Minuten lang in dem Sirup ziehen lassen, dabei mehrmals drehen, damit sie von allen Seiten mit dem Sirup überzogen sind. Mit der Messerspitze den Garzustand überprüfen, sie sollen fest bleiben. Abtropfen lassen und in eine flache Auflaufform geben. Mit dem Sirup übergießen. Auf jeden Pfirsich ein nußgroßes Stück Butter und eine Thymianblüte legen. Im Ofen 15 Minuten lang braten lassen und dabei öfters mit dem Sirup übergießen. Gegen Ende der Garzeit sollten die Pfirsiche gebräunt und leicht karamelisiert sein.

✱ Die Pfirsiche können warm oder kalt auf dem restlichen Sirup serviert werden. Zusätzlich mit einem Blatt Zitronenmelisse dekorieren, eventuell mit einer Kugel Vanilleeis servieren.

✱ Dieses Rezept läßt sich auch mit Feigen zubereiten.

Gâteau bicolore

Zweifarbiger Kuchen

FÜR 6–8 PERSONEN

4 Eigelb
280 g Zucker
25 cl Milch
1 Vanilleschote
200 g schwarzes Johannisbeerpüree
30 g Gelatineblätter
500 g Schlagsahne
1 Prise Salz, 1 TL Öl
100 g schwarze Johannisbeeren aus dem Garten

Die Gelatine in einer Schale mit kaltem Wasser einweichen. Die Vanilleschote der Länge nach aufschneiden und mit der Milch zum Kochen bringen. Mit dem Schneebesen die Hälfte des Zuckers, die Prise Salz und die Eigelb in einem Topf zu einer weißlichen Creme schaumig rühren. Jetzt erst die Vanilleschote aus der Milch nehmen und die heiße Milch unter ständigem Rühren in die Creme geben. Das Ganze bei schwacher Hitze köcheln lassen und mit einem Holzlöffel solange umrühren, bis die Creme an ihm haften bleibt. Lauwarm abkühlen lassen, bevor die Hälfte der eingeweichten und gut ausgedrückten Gelatine untergerührt wird. Diese Masse durch ein Sieb gießen und erkalten lassen.

Den verbliebenen Zucker und etwas Wasser zu einem Sirup einkochen. Abkühlen lassen und den Rest der eingeweichten und gequollenen Gelatine einarbeiten. Dann das Püree von schwarzen Johannisbeeren hinzufügen. Diese Masse durch ein Sieb streichen und erkalten lassen.

Die Sahne steif schlagen. Die eine Hälfte der Sahne in die Vanillecreme, die andere Hälfte in die Johannisbeercreme einarbeiten. Eine Form innen mit Öl auspinseln und dann die Johannisbeermasse einfüllen und mit der Vanillemasse bedecken.

Mit Alufolie verschließen und für 6 Stunden in den Kühlschrank stellen. Vor dem Servieren den zweifarbigen Kuchen auf eine runde Platte stürzen und mit schwarzen Johannisbeeren verzieren.

*K*_uchen auf einem Teller_, **30. November 1960, Bleistift und Pastell auf Papier, mit der handschriftlichen Widmung: »Für Lionel Prejger. Sein Freund Picasso.«**

Werkverzeichnis

Alle in diesem Buch reproduzierten Werke stammen von Pablo Picasso mit folgenden zwei Ausnahmen:

Apollinaire, Poème, 29. Mai 1910. Picasso-Archiv, Musée Picasso, Paris (S. 74–75)

Max Jacob, *Apollinaire und seine Muse* (1910), Gouache auf Papier, 21,5 × 15,5 cm. Musée des Beaux-Arts, Orléans (S. 75)

(die Zahlen bezeichnen die Seiten)

8 *Frau mit Brotlaiben*, Gósol, 1906, Öl auf Leinwand, 100 × 69,8 cm. Philadelphia Museum of Art, Schenkung Charles E. Ingersoll, Philadelphia.

9 *Picasso, Angel Fernandez de Soto und Sebastian Junyer im Café*, Barcelona, um 1903, Tusche auf Papier, 13,2 × 9 cm. Museu Picasso, Barcelona.

10–11 *El Mas del Quiquet*, Puertos de Horta, Sommer 1898, Öl auf Leinwand, 27 × 40 cm. Museu Picasso, Barcelona.

12 *Lola beim Kuchenschneiden*, Barcelona, um 1899, Bleistift auf Papier, 33 × 23 cm. Museu Picasso, Barcelona (unten links). Eintrag, datiert 19.–20. Januar. Musée Picasso, Paris (unten rechts).

13 *Küche*, Málaga, 1896, Öl auf Holz, 9,9 × 15,5 cm. Museu Picasso, Barcelona (oben).
Bebilderter Brief an Gaby Lepinasse, vom Februar 1916, Wasserfarben und Tusche auf Papier, 17,5 × 15,3 cm. Sammlung William McCarty-Cooper (unten).

15 *Häuser in Horta*, Horta, 1898–1899, Bleistiftstudie auf dem Blatt eines Skizzenblocks, 16 × 24 cm. Museu Picasso, Barcelona.

19 *Stilleben mit Porrón*, Gósol, 1906, Gouache und Aquarell auf Papier, 32,5 × 37,5 cm. Privatsammlung.

20 Brief von Pablo Picasso und Fernande Olivier an Guillaume Apollinaire, Gósol, 21. oder 22. Juni 1906. Musée Picasso, Paris.

22–23 *Stilleben mit Broten*, Paris, Winter 1908–1909, Öl auf Leinwand, 60 × 73 cm. Musée national d'art moderne, Centre Georges Pompidou, Paris.

24 Umschlagentwurf der Speisekarte für das Restaurant ›Els Quatre Gats‹, Barcelona (1899–1900), Feder und braune Tusche, 32 × 22 cm. Musée Picasso, Paris.

25 Gedruckter Umschlag für die Speisekarte von ›Els Quatre Gats‹, Barcelona (1899–1900), Vorder- und Rückseite, 21,8 × 32,8 cm. Museu Picasso, Barcelona.

26 *Picasso im Quatre Gats*, um 1902, Feder auf Papier, 16 × 11 cm. Museu Picasso, Barcelona.

27 *Portrait Jaime Sabartès* (Barcelona, 1900), Kohle und Aquarell auf Papier, 50,5 × 33 cm. Museu Picasso, Barcelona.

28 *Portrait Carlos Casagemas*, Barcelona, 1899–1900, Öl auf Leinwand, 55 × 45 cm. Museu Picasso, Barcelona.

30 An Guillaume Apollinaire gerichtete Postkarte, Cadaquès (5. Juli 1910). Picasso-Archiv, Musée Picasso, Paris.

35 *Picasso und Sebastian Junyer auf dem Weg nach Paris*, Paris 1904, Tusche und Farbstifte auf Papier, 22 × 16 cm, aus einer Reihe von fünf Zeichnungen. Museu Picasso, Barcelona.

37, 113 und 163 *Tintenfisch* (1914), Bleistift auf ausgeschnittenem Papier, 29,1 × 17,5 cm. Musée Picasso, Paris.

40, 142 *Fische*, Vorder- und Rückseite, Antibes, 21. Oktober 1946, Bleistift auf Papier, 44 × 47 cm. Sammlung Marina Picasso (Inv. 4708), Galerie Jan Krugier, Genf.

56 *Brot und Obstschale auf einem Tisch*, 1909, Öl auf Leinwand, 164 × 132,5 cm. Öffentliche Kunstsammlung Basel, Kunstmuseum Basel.

59 *Picasso und Junyer sind in Paris angekommen*, Paris, 1904 (vgl. S. 35).

60, 61 Brief an Miguel Utrillo, Paris, Juni 1901, Feder und Farbstifte auf Papier, 17,5 × 23 cm. Privatsammlung, Genf.

64 *Portrait Ambroise Vollard*, um 1907, Radierung, 34,8 × 24,8 cm. Musée Picasso, Paris.

65 Zwei Blätter aus dem Skizzenbuch Nr. 106, um 1908, Bleistift auf Papier, 20 × 13,5 cm. Musée Picasso, Paris.

68 *Im Lapin agile*, Paris, 1904–1905, Öl auf Leinwand, 99 × 100,3 cm. Privatsammlung, New York.

70–71 *Schinken, Glas, Branntweinflasche VIEUX MARC, Zeitung*, Paris (Frühling 1914), Öl und Sand auf Leinwand, 38,5 × 55,5 cm. Musée d'Art moderne de la Ville de Paris, Paris.

73 *Vase und Früchte, »Mort aux rats«* (sic), Paris, Frühling 1908, Aquarell auf Papier, 62,5 × 48 cm. Nachlaß des Künstlers.

74–75 Botschaft an Apollinaire, Vorder- und Rückseite, vor 1909. Picasso-Archiv, Musée Picasso, Paris.

76 *Portrait des lorbeerbekränzten Max Jacob*, 1928, Zeichenstift auf Papier, 28 × 21 cm. Musée des Beaux-Arts, Orléans.

77 *Restaurant*, Paris, Frühling 1914, Öl auf ausgeschnittener Leinwand, 37 × 49 cm. Nachlaß des Künstlers.

79 *Apfel* (1909), Aquarell auf Papier, 22 × 25 cm. Privatsammlung, Paris. (Oben)

79 *Apfel*, 1909, Gipsskulptur, 11,5 × 10 × 7,5 cm. Musée Picasso, Paris.(Unten).

80–81 *Landschaft mit Plakaten*, Sorgues, Sommer 1912, Öl und Ripolinlack auf Leinwand, 46 × 61 cm. The National Museum of Modern Art, Osaka.

85 *Menu*, Paris, Frühling 1914, Öl und Sägemehl auf Karton, 29,5 × 38 cm, Eremitage, St. Petersburg.

89 *Taube mit grünen Erbsen*, Paris, Januar–März 1912, Öl auf Leinwand, 64 × 54 cm. Musée d'Art moderne de la Ville de Paris, Paris.

90 *Absinthglas*, 1914, bemalte Bronze, mit Sand überzogen, und perforierter Absinthlöffel, 215 × 16 × 64 cm. Musée national d'art moderne, Centre Georges Pompidou, Paris.

92, 182 *Stilleben*, Avignon, Herbst 1914, Feder und braune Tusche auf gelbem Grund auf Papier, 38 × 49 cm. Musée Picasso, Paris.

93 *Das Speisezimmer des Künstlers*, Montrouge, 9. Dezember 1917, Bleistift auf Papier, 27,7 × 22,6 cm. Musée Picasso, Paris.

94–95 *Entwurf des Bühnenvorhangs für ›Parade‹*, 1917, Leimfarben auf Leinwand, 1060 × 725 cm. Musée national d'art moderne, Centre Georges Pompidou, Paris.

97 *Portrait des verwundeten Guillaume Apollinaire*, 1916, Bleistift, 48,8 × 30,5 cm. Privatsammlung. (Links)

98 *Portrait Olgas in einem Sessel*, Montrouge, Herbst 1917, Öl auf Leinwand, 130 × 88,8 cm. Musée Picasso, Paris.

99 *Früchtekorb*, 1918, Öl auf Malpappe, 47,5 × 61,5 cm. Privatsammlung.

101 *Das Speisezimmer in der Rue La Boétie*, Paris, 1918 oder 1919, Bleistift, 27,7 × 22,6 cm. Musée Picasso, Paris.

103 *Stilleben mit Zitronen und Mangos*, 1936, Öl auf Leinwand, 54 × 65 cm. Musée national d'art moderne, Centre Georges Pompidou, Paris.

104–105 *Stilleben mit Glas*, 3. April 1937, Öl auf Malpappe, 20 × 25 cm. Privatsammlung.

106, 109 Zeichnungen auf Papierservietten, wahrscheinlich aus dem Restaurant ›Le Catalan‹, Paris, 1945. Sammlung Myrtille Hugnet.

108 *Das Buffet von Le Catalan*, 30. Mai 1945, Öl auf Leinwand, 80 × 100 cm. Musée des Beaux-Arts, Lyon.

110–111 Stilleben mit Früchten, 1945, Collage und Kohle auf Papier, 21,5 × 32,5 cm. Sammlung Marina Picasso (Inv. 4659), Galerie Jan Krugier, Genf.

119 *Taube mit grünen Erbsen*, 8. März 1961, Terrine aus Ton und ausgeschnittenes Papier. Sammlung Lionel Prejger.

121 *Stilleben*, 8. Juni 1944, Kohle auf Papier, 50 × 65 cm. Musée Picasso, Paris.

127 *Obstschale, Charlotte und Glas*, 1924, Öl auf Leinwand, 54 × 65 cm. Musée national d'art moderne, Centre Georges Pompidou, Paris.

129 *Früchte und Stielglas*, 1914, Zeichenstift auf Papier, 18,5 × 24 cm. Sammlung Marina Picasso (Inv. 1846), Galerie Jan Krugier, Genf.

131 *Stilleben mit Keksen*, Avignon, Sommer 1914, Bleistift auf Papier, 30 × 48 cm. Musée Picasso, Paris.

135 *Teller mit Fischen*, 5. August 1953, Fayence-Keramik, Ø 32 cm, Musée d'art moderne, Céret.

136 *Die Küche*, Paris, 9. November 1948, Öl auf Leinwand, 175 × 252 cm. Musée Picasso, Paris.

140–141 *Stilleben mit zwei Kraken und zwei Tintenfischen*, Oktober 1946, Phthalglycerin-Öl und Kohle auf Leinwand, 33,5 × 46 cm. Musée Picasso, Antibes.

143 *Der Seeigel-Esser*, Antibes, Oktober 1946, Öl und Kohle auf wiederverwendeter Leinwand, 139,5 × 81 cm. Musée Picasso, Antibes.

144 *Teller mit Aubergine*, 1949, Dekor in Engobe über Keramik geritzt und gemalt, 32 × 28 cm. Musée Picasso, Antibes. (Oben)
Teller mit Melone auf gewürfeltem Grund, 1949, Dekor über Keramik geritzt und gemalt, 32 × 38 cm. Musée Picasso, Antibes. (Unten)

145 *Fisch auf einem Zeitungsblatt*, um 1957, bemalte Keramik und auf die Matrize der Nizzaer Zeitung ›Le Patriote‹, gedrückter Ton, 39 × 32 cm. Privatsammlung.

147 Teller mit Eiern und einer Wurst, 1949, umlaufendes Ritzdekor, 32 × 38 cm. Musée Picasso, Antibes.

149 Große Platte (mit dem Abdruck eines Fisches), 1956, Terrakotta, Einritzungen auf weißem Grund, 19 × 58 × 1,5 cm. Sammlung Marina Picasso (Inv. 58 162), Galerie Jan Krugier, Genf.

152 *Stehende Figur*, 1958, Bronze, 125 × 47 cm. Privatsammlung.

153 *Portrait von Jacqueline*, 1957, Collage aus Papier und Bonbonnierenschleifen, 51 × 57 cm. Privatsammlung.

154 *Toritos fritos*, 28. April 1957, Graphik, 75 × 59,5 cm. Privatsammlung.

164 *Vase mit Blattranken und drei Seeigeln*, Antibes, 21. Oktober 1946, Öl auf Papier, auf Leinwand aufgezogen, 46 × 38 cm. Musée Picasso, Antibes.

167 *Hummer im Korb*, 10. Januar 1965, Öl auf Leinwand, 89 × 116 cm. Privatsammlung.

170–171 *Das Aalragout*, Dezember 1960, Öl auf Leinwand, 49 × 108 cm. Privatsammlung.

172 *Spanischer Teller mit Fischen*, 10. April 1957, Ø 42 cm, rote Fayencekermaik, Dekor auf Engobe unter Copertaglasur. Galerie Sassi-Milici, Vallauris.

178 *Teller mit Seezunge und Barbe* (1949), die Fische wurden auf die Keramik aufgesetzt, bemalt und eingeritzt, 38 × 28 cm. Musée Picasso, Antibes.

182 *Stilleben*, 1914, Feder und braune Tusche auf Papier. Teil eines Ensembles von drei Zeichnungen (s. S. 92).

183 *Stilleben*, 1918, Öl auf Leinwand, 16 × 22 cm. Sammlung Marina Picasso (Inv. 12 190), Galerie Jan Krugier, Genf.

185 *Kuchen auf einem Teller*, 30. November 1960, Bleistift und Pastell auf dem Blatt eines Abreißblocks, 20 × 26 cm. Sammlung Lionel Prejger.

Photonachweis

Agip / Robert Cohen: 138 oben links, 150 Mitte
Artphot / Michalon: 119, 185
Artephot / André Held: 68
Brassaï © Estate Brassaï: 102 unten, 107
Lucien Clergue: 151 unten, 154, 156–157
D. R.: 13 unten, 60–61, 73, 77, 79 oben, 145
Jacqueline Hyde: 106, 109
Image Art / Claude Germain: 153, 170-171
Keystone, Paris: 78, 138 unten rechts
Galerie Jan Krugier, Genf: 40, 110–111, 129, 142, 149, 183
Association des Amis de Jacques-Henri Lartigue: 6
Galerie Louise Leiris, Paris: 99, 104–105, 152, 167
Magnum Photos / Robert Capa: 137
Lee Miller Archives: 160 oben
Ministère de la Culture, France: (Französisches Kultusministerium): 86–87
Musée d'Art moderne, Céret / Gibernau: 135
Musée des Beaux-Arts, Lyon / Studio Basset: 108
Musée national d'art moderne, Centre Georges Pompidou, Paris: 22–23, 94–95, 103, 127; / Bahier-Migeot: 90
Musée Picasso, Antibes: 140–141, 143, 144, 147, 164, 176
Museu Picasso, Barcelona / Arxiu Fotografic de Museus: 9, 10–11, 12 unten links, 13 oben, 15, 25 bis 29, 35, 59
Photothèque des Musées de la ville de Paris © Spadem 1996: 70–71, 89
The National Museum of Art, Osaka / Nihon Hasshoku: 80–81
Öffentliche Kunstsammlung Basel / Martin Bühler: 56
© Philadelphia Museum of Art, Philadelphie: 8
Roger Pic: 155
Edward Quinn: 138 oben rechts und unten links
Rapho / Charles: 16–17; Robert Doisneau: 139, 146; Foucherand: 150 unten; Interphoto: 134; Willy Ronis: 159
RMN © by Spadem 1996: 21, 24, 31, 33, 37, 57, 64 bis 67, 72, 79 unten, 92, 93, 98, 100, 101, 113, 121, 131, 136, 148, 150 oben, 151 oben, 163, 181, 182, 191; Bellot: 12 unten rechts, 20, 30, 74 unten, 74–75 Mitte, 75 oben, 97 rechts; Claude Wherle: 18, 160 unten
Roger Viollet: 12 oben, 62, 63, 68, 69, 75 unten rechts, 76, 82, 91, 122; Branger: 83; Harlingue-Viollet: 74 oben, 97 links, 102 oben; Martinie-Viollet: 96
Galerie Rosengart, Luzern: 19
Galerie Sassi-Milici, Vallauris / Claude Germain: 172
The Tate Gallery, London: 145

Bibliographie

Die Bücher und anderen Veröffentlichungen, die sich mit Picasso beschäftigen, sind in ihrer Zahl beinahe unübersehbar. Wir führen hier lediglich die wichtigsten der verwendeten Werke an.

Apollinaire, Guillaume, »Le Piéton de Paris«, *Œuvres complètes en prose,* Gallimard (La Pléiade, Bd. 3), Paris 1977–1993.

Apollinaire, Guillaume, »Un fantôme des nuées«, *Oeuvres poétiques*, Gallimard (La Pléiade), Paris 1978.

Bernadac, Marie-Laure et Paule Du Bouchet, *Picasso, le sage et le fou,* Gallimard (Découverte), Paris 1994.

Brassaï, *Conversations avec Picasso*, Gallimard, Paris 1969 (Erste Auflage 1964).

Cabanne, Pierre, *Le Siècle de Picasso*, Denoël, Paris 1975.

Crespelle, Jean-Paul, *La Vie quotidienne à Montparnasse à la grande époque, 1905–1930,* Hachette, Paris 1976.

Daix, Pierre, *La Vie de peintre de Pablo Picasso*, Seuil, Paris 1977.

Dorgelès, Roland, *Bouquet de Bohème*, Albin Michel, Paris 1989.

Ferrier, Jean-Louis, *Picasso, la déconstruction créatrice*, Terrail, Paris 1993.

Gilot, Françoise, and Carlton Lake, *Life with Picasso*, New York 1964; dt.: *Leben mit Picasso*, München 1980.

Kahnweiler, Daniel-Henry, *Mes galeries et mes peintres: entretiens avec F. Crémieux*, Gallimard, Paris 1961.

Le Livre de cuisine d'Alice Toklas, Editions de Minuit, Paris 1954.

Limbour, Georges, »Picasso à La Californie« in: L'Œil Nr. 30, Juni 1957.

Malraux, André, *La Tête d'obsidienne*, Gallimard, Paris 1974.

Olivier, Fernande, *Picasso et ses amis*, Stock, Paris 1993 (Erste Auflage 1933). Dt.: *Picasso und seine Freunde*, Zürich 1982

–, *Souvenirs intimes*, Calmann-Lévy, Paris 1988.

Parmelin, Hélène, *Picasso. Sur la Place*, Julliard, Paris 1959.

–, *Voyage en Picasso*, Christian Bourgois, Paris 1994.

Penrose, Roland, *Picasso*, Flammarion, Paris 1982. Dt.: *Picasso, Leben und Werk*, München 1961.

Picasso, Apollinaire, Correspondance, Gallimard/RMN, Paris 1992.

Richardson, John, *Vie de Picasso*, Chêne, Paris 1992.

Sabartès, Jaime, *Picasso, portraits et souvenirs*, Louis Carré, Paris 1946. Dt.: *Picasso, Gespräche und Erinnerungen*, Zürich 1984.

Stassinopoulos Huffington, Arianna, *Picasso, créateur et destructeur*, Le livre de Poche, Paris 1991. Dt.: *Picasso, Genie und Gewalt. Ein Leben,* München 1991.

Stein, Gertrude, *Autobiographie d'Alice B. Toklas*, Gallimard, Paris 1990.

Vollard, Ambroise, *Souvenirs d'un marchand de tableaux*, Albin Michel, Paris 1989. Dt.: *Erinnerungen eines Kunsthändlers*, Zürich 1980.

Fußnoten

Die Zitate, auf die innerhalb dieses Textes nicht gesondert Bezug genommen wird, sind Auszüge aus: *Pablo Picasso, Ecrits,* Paris, Gallimard/RMN, 1989.

SPANIEN

1 Jaime Sabartès, *Picasso, Gespräche und Erinnerungen*
2 Pierre Cabanne, *Le Siècle de Picasso*
3 *Le Carnet Catalán* (Das katalanische Skizzenbuch), 1958 in Faksimile veröffentlicht.
4 Jean-Louis Ferrier, *Picasso, la déconstruction créatrice.*
5 John Richardson, *Vie de Picasso.*
6 wie 1, op.cit.
7 Josep Pla (1897–1981), Autor eines der bekanntesten Werke in katalanischer Sprache, war mit zahlreichen Künstlern befreundet, insbesondere mit den Surrealisten.

PARIS

1 Raynal, »Panorama de l'œuvre de Picasso«, in: *Le Point*, Bd.7, Nr. 42, Oktober 1952.
2 Charles Baudelaire, »Les bienfaits de la lune« in: *Le spleen de Paris*, Paris, Flammarion, 1987.
3 Fernande Olivier, *Picasso und seine Freunde.*
4 Ebenda.
5 Roland Dorgelès, *Bouquet de Bohème.*
6 Eugène Marsan, *Au pays des Firmans,* Paris, Société d'Éditions artistiques, 1906.
7 Roger Shahuck, in: John Richardson, *Vie de Picasso.*
8 James R. Mellow, in: John Richardson, *Vie de Picasso.*
9 Françoise Gilot und Carlton Lake, *Leben mit Picasso.*
10 Pierre Cabanne, *Pablo Picasso, His life and times*, New York, W. Morrow & Co., 1977.
11 Jean-Paul Crespelle, *Picasso, les femmes, les amis,*
12 Ebenda.
13 Gertrude Stein, *Autobiographie d'Alice B. Toklas.*
14 Marie-Thérèse Walter in: Farrell, »His women«, *Life* 27/12/1968.
15–17 Brassaï, *Conversations avec Picasso.*

DER MIDI

1 Antonina Vallentin, *Pablo Picasso*, Paris, Albin Michel, 1957.
2 Gespräch mit Françoise Gilot in: Arianna Stassinopoulos Huffington, *Picasso, Genie und Gewalt.*
3 Gespräch mit dem Friseur Arias, 1994.
4 Hélène Parmelin, *Voyage en Picasso.*
5 Pierre Daix, *La Vie de peintre de Pablo Picasso.*
6 und alle übrigen Zitate bis zum Ende des Kapitels, Hélène Parmelin, op.cit.

Die Rezepte

Spanien

Paris

Der Midi

Danksagung

Es ist uns eine angenehme Pflicht, allen Menschen, die uns bei der Verwirklichung dieses Buches durch Rat und Tat unterstützt haben, unseren herzlichen Dank auszusprechen. Insbesondere danken wir:

M.E. Arias; der Association des Amis du Musée Picasso in Antibes und Madame Danièle Bourgois; M. und Mme Philippe Condroyer; M. André Gomès; Mme Myrtille Hugnet; Mme Cathy Hutin-Blaye; der Galerie Jan Krugier in Genf und Mme Evelyne Ferlay; M. Manuel de Muga; M. Claude Picasso; dem Musée Picasso in Paris, Mme Sylvie Fresnault und Mme Jeanne Sudour; Mme Maria Teresa Ocaña, der Direktorin des Museu Picasso in Barcelona, und Mme Margarita Serrer; M. Lionel Prejger; M. Edward Quinn; Mme Maya Ruiz-Picasso; Mlle Michèle Richet; Mme Angela Rosengart; Mme Inès Sassier; M. Javier Vilato.